COLLECTION

EDWARD A. SYDENHAM Esq. M. A.

de OXFORD

et d'un autre amateur

AES GRAVE

ITALIQUE

MONNAIES ROMAINES

CONSULAIRES

COLLECTION

EDWARD A. SYDENHAM Esq. M. A.

de OXFORD

et d'un autre amateur

AES GRAVE ITALIQUE

MONNAIES ROMAINES Consulaires

Dont la vente privée aux enchères aura lieu le

7 Fèvrier 1928 à 10 heures

au bureau et sous la direction de

Rodolfo Ratto - Lugano (Suisse)

Villa Ginevra à Besso

Prix de ce catalogue illustré de 29 Planches **12 frs. suisses.**

(Liste des prix de vente comprise)

LUGANO
Imprimerie Succ.eurs de Natale Mazzucconi
— 1927 —

IIme Partie - Pieces frappées.

    N. 275 à 298 Campania avec references aux pieces coulées.

    299 à 312 Rome. Consulaires sans symboles.

    313 à 394 » » avec symboles (y compris de grandes raretés)

    395 à 432 » » avec lettres (y compris beaucoup de raretés)

    433 à 646 » Monnaies des familles (nombreuses raretés et beaucoup de pieces de toute beaute).

L'apport de pieces en argent est très limité et ne comprend que celles indispensables à l'homogénéité de la collection qui consiste presque entièrement de cuivre.

Je ne doute pas que le présent catalogue rencontréra un acceuil favorable et que les collectionneurs afflueront à la vente.

R. R.

PREMIÈRE PARTIE

PIÈCES COULÉES

AES RUDE

1 **Fragment** de fusion circulaire et irrégulier. Diamètre Mm. 85. Gr. 340. Très rare. Provient de la collection Sambon.

2 **Fragment** de fusion irrégulier. Gr. 360. Très rare. Provient de la collection Sambon.

3 **Fragment** informe. Gr. 118. Provient de la collection Sambon.

4 — Un deuxième morceau informe. Gr. 55.

5 **Fragment** de lingot coulé en forme carrée. Mm. 35 × 28. Gr. 94. Très rare.

AES GRAVE

S. *Edward A. Sydenham.* Aes grave. London, 1926.
Gar. *P. Raffaele Garrucci.* Le monete dell'Italia antica. Roma, 1885.
H. *E. J. Haeberlin.* Aes grave. Das Schwergeld Roms und Mittelitaliens.

ROMA
I. — Série de l'As libral avec proue à droite.

*6 **As.** Tête barbue de Janus ; au-dessous la marque de valeur —. — Ŗ. Proue de navire à dr., au-dessus la marque de valeur |. Gr. 266. Mm. 65. Exemplaire d'un style très fin, qui manque dans Haeberlin. Conservation splendide, avec superbe patine verte.

7 — Même type. H. Pl. 10-11. Gr. 257. Mm. 63. Très beau, avec superbe patine verte.

8 — Même type. Gr. 267. Mm. 61. Très beau, patine verte.

*9 **As.** Type pareil aux précédents, sauf que manque la marque de valeur — au-dessous de la tête de Janus. H. Pl. 14, 3. Gr. 259. Mm. 60. Exemplaire splendide, avec superbe patine vert-noir.

10 — Même type, un deuxième exemplaire. Gr. 244. Mm. 59. Beau, patine gris-vert.

11 **Semis.** Tête de Jupiter à g. ; au-dessous, la marque de valeur ʊ. — Ŗ. Proue de navire à dr. ; au-dessus la marque de valeur S. H. Pl. 16, 12. Gr. 137. Mm. 51. Beau, patine bleu-vert.

12 — Même type. H. Pl. 17, 2. Gr. 131. Mm. 51. Beau, patine brun foncé.

*13 — Même type. H. Pl. 17,3. Gr. 125. Mm. 51. Beau, avec superbe patine vert clair.

*14 **Triens**. Tête casquée de Pallas à g., au-dessous, ●●●●. — R̸. Proue de navire à dr. ; au-dessous, ●●●●. H. Pl. 17,19. Mm. 43. Très beau, avec superbe patine vert-noir.

*15 **Triens**. Type pareil au précédent. La tête de Pallas d'un type spécial qui manque dans H. Variété très rare. Gr. 89. Mm. 46. Très belle pièce, patine olivâtre.

16 **Triens**. Même type, la tête de Pallas de style normal. H. Pl. 17,12. Gr. 88. Mm. 43. Très beau, patine vert-noir.

17 **Triens**. Même type. H. Pl. 17,17. Gr. 83. Mm. 45. Très beau, patine olivâtre.

18 — Même type. Gr. 69. Mm. 45. Beau, patine vert-noir.

*19 **Quadrans**. Tête d'Hercule à g. ; derrière, ●●●. — R̸. Proue de navire à dr. ; au-dessous, ●●●. H. Pl. 18,5. Gr. 69. Très beau, avec superbe patine noir luisant.

20 — Un deuxième exemplaire. H. Pl. 18,2. Gr. 65. Très beau, patine olivâtre.

21 — Un troisième exemplaire. H. Pl. 18,3. Gr. 63. Très beau, patine noire.

*22 **Sextans**. Tête de Mercure à g. ; au-dessous, ●●. — R̸. Proue de navire à dr. ; au-dessous, ●●. H. Pl. 18,20. Gr. 43. Mm. 34. Très beau, patine brun foncé.

23 — Un deuxième exemplaire. H. Pl. 18,10. Gr. 37. Mm. 31.

*24 **Uncia**. Tête de Rome à g. ; derrière, ●. — R̸. Proue de navire à dr. ; au-dessous, ●. H. Pl. 18,29. Gr. 21,80. Mm. 24. Très belle, patine vert foncé.

25 — Un deuxième exemplaire. Gr. 19. Mm. 24.

II. — Série de l'as libral avec proue à gauche.

*26 **As**. Tête barbue de Janus, sans indication de valeur. — R̸. Proue de navire à g. ; au-dessus la note de valeur |. H. Pl. 20,6. Gr. 236. Mm. 58. Extrêmement rare. Splendide exemplaire, avec superbe patine vert-noir.

*27 **Quadrans**. Tête d'Hercule à g. ; au-dessous, la massue. — R̸. Proue de navire à g. ; au-dessous, ●●●. H. Pl. 22,15. Gr. 66. Mm. 36. Extrêmement rare. Beau, patine noire.

*28 **Sextans**. Tête de Mercure à g. — R̸. Proue de navire à g. ; au-dessous, ●●. H. Pl. 22,19. Gr. 37,80. Mm. 31. Extrêmement rare. Beau, patine noire.

III. — Première réduction de l'as (Poids semilibral).

*29 **As**. Tête barbue de Janus sans indication de valeur. — R̸. Proue de navire à g. ; au-dessus, la note de valeur |. H. Pl. 43,1. Gr. 160,50. Mm. 52. Très rare avec ce poids si lourd. Splendide exemplaire, avec superbe patine vert-noir.

Nota. — L'exemplaire le plus lourd indiqué par Haeberlin pèse Gr. 156,65.

*30 **As**. Même type. H. Pl. 43,2. Gr. 150. Mm. 52. Très rare. Splendide exemplaire, avec superbe patine noire.

*31 **As**. Même type. H. Pl. 43,4. Gr. 135. Mm. 52. Très rare. Splendide exemplaire, avec superbe patine noire.

*32 **As**. Même type. H. Pl. 43,10. Gr. 120. Mm. 45. Très rare. Très beau, avec belle patine vert-noir.

*33 **Semis**. Tête de Jupiter à g. ; derrière, S. — Ŗ⁄. Proue de navire à g. ; au-dessus, la marque de valeur, S. H. Pl. 44,3. Gr. 71. Mm. 43. Très rare. Très beau, avec superbe patine vert-noir.

*34 — Un deuxième exemplaire. H. Pl. 44,12. Gr. 59. Mm. 39. Très rare. Splendide exemplaire, avec superbe patine vert-noir.

*35 **Triens**. Tête de Pallas à g. ; au-dessous, ●●●●. — Ŗ⁄. Proue de navire à g. ; au-dessous, ●●●●. H. Pl. 44,16. Gr. 53. Mm. 38. Très rare. Très beau, avec belle patine noire.

*36 **Quadrans**. Tête d'Hercule à g. ; au-dessous, ●●●. — Ŗ⁄. Proue de navire à g. ; au-dessous, ●●●. H. Pl. 44,18. Gr. 32. Mm. 33. Très rare. Très beau, patine noire.

37 — Un deuxième exemplaire. H. Pl. 44,20. Gr. 31,20. Mm. 33. Beau, patine olivâtre.

IV. — Réductions successives de l'as.

38 **As**. Tête de Janus sans indication de valeur. — Ŗ⁄. Proue de navire à g. ; au-dessus, la marque de valeur I. H. Pl. 49,21. Gr. 72,70. Mm. 43. Beau, patine noire.

*39 — Un deuxième exemplaire. H. Pl. 49,16. Gr. 73,70. Mm. 41. Très beau, patine olivâtre luisant.

40 — Un troisième exemplaire. H. Pl. 49,19. Gr. 76. Mm. 39. Très beau, patine olivâtre.

*41 — Un quatrième exemplaire. H. Pl. 50,9. Gr. 66. Mm. 38. Très belle pièce, avec superbe patine olivâtre luisant.

42 **Semis**. Tête de Jupiter à g. ; derrière, S. — Ŗ⁄. Proue de navire à g. ; au-dessus, S. H. Pl. 51,3. Gr. 56,20. Mm. 36. Beau, patine olivâtre.

*43 — Un deuxième exemplaire. H. Pl. 51,10. Gr. 37. Mm. 34. Très beau, avec charmante patine bleu clair.

44 — Un troisième exemplaire. H. Pl. 51,8. Gr. 37,75. Mm. 33. Beau, patine gris-vert.

*45 — Un quatrième exemplaire. H. Pl. 51,9. Gr. 31. Mm. 30. Très beau, patine olivâtre.

*46 — Un cinquième exemplaire d'un module très petit, variété qui manque dans H. Gr. 26. Mm. 25 × 30. Rare. Très belle pièce, avec superbe patine verte.

*47 **Triens**. Tête de Pallas à g. ; au-dessous, ●●●●. — Ŗ⁄. Proue de navire à g. S. Pl. 4,4. Variété qui manque dans H. Gr. 34,50. Mm. 29. Rare. Très beau, patine olivâtre.

*48 — Un deuxième exemplaire de style très différent. H. Pl. 51,26. Gr. 27,25. Mm. 30. Rare. Très beau, patine noir luisant.

V. — Réduction de l'as avec proue à droite.

*49 **As**. Tête de Janus sans indication de valeur. — Ŗ⁄. Proue de navire à dr. ; au-dessus, la note de valeur I. Variété qui manque dans H. Gr. 65. Mm. 49. Extrêmement rare. Splendide exemplaire, avec superbe patine vert-noir.

VI. — Réduction de l'as au type de la proue, frappé hors de Rome

*50 **Semis**. Tête de Jupiter à dr. — Ŗ⁄. Proue de navire à dr. ; au-dessus, la marque de valeur S ; devant la proue, L (*Luceria*). S. Pl. 15,8. Même exemplaire = H. 72,6. Gr. 42,70. Mm. 34. Extrêmement rare. Beau, patine noire.

CAMPANIA

I. — Série aux têtes Janus-Mercurius sans symbole. Gar. Pl. XXXVII.

51 **As**. Tête de Janus imberbe ; au-dessus, |. — R⁄. Tête de Mercure à g. ; au-dessus, |. S. Page 96,36 = H. Pl. 38,3. Gr. 318. Mm. 72. Beau, patine verte.

52 — Un deuxième exemplaire. H. 38,3. Gr. 313. Mm. 69. Beau, patine noire.

53 — Un troisième exemplaire. H. 38,5. Gr. 258. Mm. 66. Beau, patine brun-noir.

*54 **Semis**. Tête de Pallas à g. ; au-dessous, ∽. — R⁄. Tête de Junon à g. ; au-dessous, ∽. S. Pl. 6,1. Même exemplaire = H. Pl. 38,10. Gr. 178. Mm. 54. Très belle pièce de style très fin, avec superbe patine olivâtre luisant.

55 — Un deuxième exemplaire. H. Pl. 39,1. Gr. 163. Mm. 58. Très beau, avec belle patine vert luisant.

*56 **Triens**. Foudre entre ●● — ●●. — R⁄. Dauphin nageant à dr. ; au-dessous, ●●●●. S. Pl. 6,2. Même exemplaire. = H. Pl. 39,7. Gr. 108. Mm. 48. Très beau, avec superbe patine gris-vert.

57 — Un deuxième exemplaire. H. Pl. 39,10. Gr. 113. Mm. 49. Beau, patine gris-vert.

58 **Quadrans**. Deux grains d'orge, entre lesquels ●●●. — R⁄. Main ouverte ; à g., ●●●. S. Page 96,39. = H. Pl. 40,1. Gr. 78,60. Mm. 46. Patine noire.

*59 — Un deuxième exemplaire de style différent. H. Pl. 40,8. Gr. 86. Mm. 41. Très beau, patine gris-vert luisant.

60 **Sextans**. Coquillage ●●. — R⁄. Caducée entre ● —●. S. Page 96,40. = H. Pl. 40,7. Gr. 66,50. Mm. 36. Très beau, avec superbe patine olivâtre luisant.

*61 — Un deuxième exemplaire de style différent. Les rides du coquillage nombreuses et très fines. H. Pl. 40,11. Gr. 53. Mm. 36. Pièce splendide de style très fin, avec superbe patine olivâtre.

62 — Un deuxième exemplaire presque semblable. Gr. 54,20. Mm. 35. Beau, patine noire.

*63 **Uncia**. Astragale et ●. — R⁄. La note de valeur ● au centre du champ. S. Page 96,41. = H. Pl. 40,20. Gr. 26,60. Mm. 26. Très beau, patine vert foncé.

*64 **Semuncia**. Gland. — R⁄. La marque de valeur Σ au centre du champ. S. Page 96,42. = H. Pl. 40,23. Gr. 14. Mm. 23. Rare. Belle, patine noire.

II. — Série aux têtes Janus-Mercurius avec symbole, faucille. Gar. Pl. XXXVI.

*65 **As**. Tête de Janus imberbe, sans indication de valeur. — R⁄. Tête de Mercure à g., coiffée du pétase ailé ; derrière, faucille. S. Pl. 6,4 = H. Pl. 31,1. Gr. 270. Mm. 68. Pièce splendide, avec superbe patine noire.

*66 **Semis**. Tête de Pallas à g. ; au-dessous, ∽. — R⁄. Tête de Junon à g. ; au-dessous, ∽ ; derrière, faucille. S. Pl. 7,1 = H. Pl. 31,7. Gr. 132. Mm. 51. Très belle pièce, avec superbe patine vert-bleu.

67 — Un deuxième exemplaire presque semblable. Gr. 137,50. Très beau style, très belle pièce avec superbe patine noire.

*68 **Triens**. Foudre entre ●●—●●. — ℞. Dauphin nageant à dr. ; au-dessous, ●●●●; au-dessus, faucille. S. Pl. 7,2 = H. Pl. 31,10. Gr. 94. Mm. 45. Très beau, patine brune.

*69 **Quadrans**. Deux grains d'orge, entre lesquels, ●●●. — ℞. Main ouverte ; à g., ●●●; à dr., faucille. S. Pl. 7,3 = H. Pl. 31,11. Gr. 68,50. Mm. 41. Très beau, patine brune.

70 — Un deuxième exemplaire presque semblable. Gr. 59,20. Très beau, patine brune.

*71 **Sextans**. Coquillage ●●. — ℞. Caducée entre ●—●; à dr., faucille. S. Pl. 7,4 = H. Pl. 31,13.
Gr. 49. Mm. 37. Très beau, patine olivâtre.

72 — Un deuxième exemplaire presque semblable. H. Pl. 31,14. Gr. 41. Mm. 33. Très beau, patine
vert foncé.

*73 **Uncia**. Astragale sans note de valeur. — ℞. La note de valeur ● au centre du champ ; à dr., faucille. S. Pl. 7,5 = H. Pl. 31,15. Gr. 20. Mm. 25. Très beau, patine vert-noir.

III. — Série à la tête d'Apollon (Cales). Gar. Pl. XXXIV.

74 **As**. Tête d'Apollon à dr., en très haut relief; les cheveux bouclés tombant en grosses touffes. —
℞. Même tête d'Apollon en très haut relief tournée à g. S. Pl. 8,1 = H. Pl. 34,1. Gr. 331. Mm. 70.
Très beau, patine noire.

*75 — Un deuxième exemplaire du même type ; le relief encore plus haut et d'un style très fin. —
℞. Même tête d'Apollon en très haut relief tourné à g. H. Pl. 34,4. Pièce splendide, avec superbe
patine vert foncé luisant.

*76 — Un troisième exemplaire du même type, en très haut relief et d'un style très fin. H. Pl. 34,6.
Gr. 330. Mm. 66. Très beau avec superbe patine vert clair.

*77 **Semis**. Pégase volant à dr. ; au-dessous, **S**. — ℞. Même Pégase volant à g. S. Page 97,44 = H.
Pl. 35,9. Gr. 224. Mm. 52. Très beau, patine noire.

Nota. — Le poids fort remarquable de cette pièce est inconnu jusqu'à présent. Le poids le plus lourd indiqué pour
ce type par M. Sydenham est de Gr. 195,30 et par M. Haeberlin est de Gr. 167.

78 — Un deuxième exemplaire du même type. Gr. 159. Mm. 52. Très beau, patine vert foncé.

*79 **Triens**. Tête de cheval à dr. ; au-dessous, ●●●●. — ℞. Même tête de cheval à g. ; au-dessous,
●●●●. S. Page 97,45 = H. Pl. 36,3. Gr. 102. Mm. 45. Très belle pièce, avec superbe patine vert
clair.

*80 — Un deuxième exemplaire en flan plus large. H. Pl. 36,5. Gr. 104. Mm. 51. Très belle pièce,
avec superbe patine gris-vert.

81 — Un troisième exemplaire. H. Pl. 36,1. Gr. 117. Mm. 48. Beau, patine verte.

82 — Un quatrième exemplaire semblable. Gr. 112. Mm. 49. Beau, patine noire.

*83 **Quadrans**. Sanglier courant à dr., ●●●. — ℞. Sanglier courant à g., ●●●. S. Page 98,59. = H.
Pl. 36,6. Gr. 72. Mm. 39. Beau, patine vert foncé.

84 — Un deuxième exemplaire. Gr. 76,70. Mm. 43. Beau, patine vert foncé.

85 — Un troisième exemplaire. Gr. 64,20. Mm. 39. Beau.

*86 **Sextans**. Tête de Dioscure à dr., ●●. — ℞. Même tête de Dioscure à g., ●●. S. Pl. 8,2. Même
exemplaire = H. Pl. 36,14. Gr. 51,40. Mm. 38. Très belle pièce, avec superbe patine olivâtre
luisant.

87 — Un deuxième exemplaire. Gr. 65,80. Mm. 38. Patine gris-vert.

*88 **Uncia**. Grain d'orge, •. — R/. Même type. Grain d'orge et •. S. Page 97,48 = H. Pl. 36,21. Gr. 28,20. Mm. 26. Très belle, patine vert foncé luisant.

89 — Un deuxième exemplaire semblable. Gr. 15,10. Mm. 23.

IV. — Série à la tête de Rome sans symbole.

*90 **As**. Tête de Rome à dr., coiffée du casque phrygien ; derrière, |. — R/. Même tête de Rome g. ; derrière, |. S. Pl. 9,1 = H. Pl. 27,1. Gr. 303. Mm. 67. Extrêmement rare. Très belle pièce, avec superbe patine vert foncé.

*91 **Semis**. Tête de Pallas à dr., coiffée d'un casque corinthien à panache ; au-dessous, ∽. — R/. Même tête de Pallas à g. ; au-dessous, ∽. S. Pl. 9,2. Même exemplaire = H. 27,8. Gr. 138. Mm. 51. Rare. Très beau, avec superbe patine vert foncé.

*92 **Triens**. Foudre entre ••—••. — R/. Même foudre, ••—••. S. Page 99,64 = H. Pl. 27,11. Gr. 95. Mm. 47. Très beau, avec belle patine olivâtre.

*93 **Quadrans**. Main ouverte, •••. — R/. Même main ouverte, •••. S. Page 99,65 = H. Pl. 27,13. Gr. 84. Mm. 44. Très beau, avec belle patine gris-vert.

94 — Un deuxième exemplaire presque semblable. Gr. 66,40. Mm. 41. Beau, patine noire.

*95 **Sextans**. Coquillage convexe, ••. — R/. Coquillage concave. S. Pl. 9, 3 = H. Pl. 28, 5. Gr. 38. Mm. 34. Très beau, patine noire.

96 — Un deuxième exemplaire semblable. Gr. 39. Mm. 33.

97 **Uncia**. Astragale. — R/. Même astragale. S. Pl. 9,4. = H. Pl. 28,13. Gr. 17,80. Mm. 25. Beau, patine brune.

98 **Semuncia**. Gland et la marque de valeur Σ. — R/. Même gland et lettre Σ. S. Page 99,69 = H. Pl. 28,16. Gr. 14,50. Mm. 22. Rare. Belle, patine verte.

V. — Série à la tête de Rome avec symbole, massue. Gar. Pl. XXXV.

*99 **As**. Tête de Rome à dr., coiffée du casque phrygien ; derrière, massue. — R/. Même tête de Rome à g. ; derrière, massue. S. Pl. 10,1 = H. Pl. 28,21. Gr. 281. Mm. 64. Extrêmement rare. Très beau, patine noire.

*100 **Semis**. Tête de Pallas à dr., coiffée du casque corinthien à panache ; au-dessous, ∽ ; derrière, massue. — R/. Même tête de Pallas à g. ; au-dessous, ∽ ; derrière, massue. S. Pl. 10,2 = H. Pl. 29,1. Gr. 125. Mm. 51. Rare. Très belle pièce, patine vert-brun.

*101 **Triens**. Foudre entre ••—•• ; dans le champ, massue. — R/. Même foudre, ••—•• ; dans le champ, massue. S. Pl. 10,3 = H. Pl. 29,6. Gr. 83. Mm. 45. Exemplaire splendide, avec superbe patine gris-vert.

102 — Un deuxième exemplaire presque semblable. Gr. 98. Mm. 45. Beau, patine noire.

103 **Quadrans**. Main ouverte, ••• ; à dr., massue. — R/. Même main ouverte, ••• ; à dr., massue. S. Page 100,73 = H. Pl. 29,12. Gr. 59. Mm. 39. Très beau, patine verte.

*104 — Un deuxième exemplaire avec quelques variantes. H. Pl. 29, 8. Gr. 68, 40. Très belle pièce, avec superbe patine vert-noir luisant.

*105 **Sextans**. Coquillage convexe, •• ; au-dessous, massue. — R/. Même coquillage concave ; au dessous, massue. S. Page 100,74 = H. Pl. 29,14. Gr. 47. Mm. 34. Très belle pièce, avec superbe patine noir luisant.

*106 **Uncia**. Astragale; au-dessous, massue. — R/. Même astragale; au-dessous, massue. S. Pl. 10,4 = H. Pl. 29,18. Gr. 20,6. Mm. 25. Très belle, patine noire.

107 — Un deuxième exemplaire presque semblable. Gr. 21,90. Mm. 25. Très beau, patine noire.

VI. — Série au type du kantaros. Gar. Pl. XXXVIII.

*108 **Quadrans**. ●●●. Casque à long panache. — R/. Kantaros entouré de ●●●. S. Pl. 11,1 = H. Pl. 67,12. Gr. 60,80. Mm. 41. Très rare. Beau, patine vert-noir.

109 — Un deuxième exemplaire. Gr. 58,50.

*110 **Uncia**. Massue et ●. — R/. Kantaros. S. Pl. 11,2. Même exemplaire = H. Pl. 62,13. Gr. 16. Mm. 27. Rare. Belle, patine noire.

*111 **Semuncia**. Caducée. — R/. Kantaros. S. Pl. 11,3. Même exemplaire = H. Pl. 62,16. Gr. 15. Mm. 23. Rare. Belle, patine noire.

VII. — Série au type de la roue (Arpi). Gar. Pl. XXXIX-XL.

*112 **As**. Tête de Rome à dr., coiffée du casque phrygien; derrière, —. — R/. Roue à six rayons; dans un compartiment; I. S. Pl. 11,4 = H. Pl. 24,10. Gr. 262. Mm. 59. Très rare. Beau, patine noire.

*113 **Semis**. Taureau fonçant à dr.; au-dessous, S. — R/. Même roue; dans un compartiment, S. S. Pl. 11,5. Même exemplaire = H. Pl. 25,4. Gr. 135. Mm. 50. Très belle pièce, avec superbe patine vert foncé.

114 — Un deuxième exemplaire. Gr. 138. Mm. 50. Beau, patine olivâtre.

*115 **Triens**. Cheval courant à g., entouré de ●●●●. — R/. Même roue, dans les compartiments, ●●●●. S. Pl. 12,1 = H. Pl. 25,8. Gr. 91. Mm. 44. Très beau, patine olivâtre.

116 — Un deuxième exemplaire, le cheval très petit. H. Pl. 25,11. Gr. 93. Mm. 42. Beau, patine olivâtre.

117 — Un troisième exemplaire. Gr. 86,30. Mm. 42. Beau, patine brun-noir.

*118 **Quadrans**. Chien courant à g.; au-dessous, ●●●. — R/. Même roue; dans les compartiments, ●●●. S. Pl. 12,2 = H. Pl. 25,12. Gr. 78. Mm. 43. Beau, patine brun-noir.

119 — Un deuxième exemplaire. Gr. 63,50. Mm. 40. Beau, patine verte.

*120 **Sextans**. Tortue sans marque de valeur. — R/. Même roue. S. Pl. 12,3 = H. Pl. 25,15. Gr. 41,20. Mm. 32. Beau, patine noir luisant.

121 — Un deuxième exemplaire. Gr. 50. Mm. 33. Beau, patine olivâtre.

122 — Un troisième exemplaire d'un style différent. Gr. 29,60. Mm. 31.

LATIUM-CAMPANIA
Types différents non groupés.

*123 **As**. Tête de lion de face, tenant une épée horizontale dans les dents. — R/. Tête de cheval à g.

S. Pl. 13,1. Même exemplaire = H. Pl. 63,6 = Gar. Pl. XLII,1. Gr. 247. Mm. 68. Extrêmement rare. Très beau, avec belle patine vert-noir.

124 — Même type, sauf qu'il y a, en plus, un caducée près de la tête du cheval. H. Pl. 63,9 = Gar. Pl. XLI,1. Gr. 298. Mm. 72. Extrêmement rare. Beau, patine noire.

*125 **Semis.** Tête de taureau à dr. en haut relief. — R̶. Proue de navire à dr. ; dans le champ, S. S. Pl. 13,2. Même exemplaire = H. Pl. 66,5 = Gar. Pl. LXIV.1. Gr. 149. Mm. 55. Très rare. Très beau, patine verte.

126 — Un deuxième exemplaire. H. Pl. 66,7. Gr. 124. Mm. 52. Patine verte.

127 — Un troisième exemplaire. H. Pl. 66,9. Gr. 141. Mm. 54. Beau, patine gris-vert.

*128 **Sextans.** Tortue entre •—•. — R̶. Tête de serpent avec crête entre •—•. S. Pl. 13,3 = H. Pl. 68,8 = Gar. Pl. XLIII,5. Gr. 39,50. Mm. 35. Très rare. Beau, patine noire.

129 — Un deuxième exemplaire. H. Pl. 68,9. Gr. 43. Mm. 35. Très rare. Beau, patine noire.

*130 **Sextans.** Fer de lance, ••. — R̶. Trident orné. S. Pl. 13,5. Même exemplaire = H. Pl. 68,4 = Gar. Pl. XLV,10. Gr. 41,70. Mm. 39. Rare. Très beau, patine vert foncé.

131 — Un deuxième exemplaire. H. Pl. 68,5. Gr. 42. Mm. 34. Rare. Beau, patine brune.

*132 **Sextans.** Ancre entre •—•. — R̶. Trident orné entre •—•. S. Page 105,109 = H. Pl. 68,2 = Gar. Pl. XLIV,4. Gr. 37. Mm. 37. Rare. Beau, patine olivâtre.

133 — Un deuxième exemplaire. H. Pl. 68,1. Gr. 43,20. Rare. Beau, patine noire.

*134 **Uncia.** Oenochoe et •. — R̶. Pedum et •. S. Pl. 13,4. Même exemplaire = H. Pl. 68,24 = Gar. Pl. XLIII,6. Gr. 26,60. Mm. 32. Beau, patine verte.

135 — Un deuxième exemplaire. H. Pl. 68,23. Gr. 16,40. Mm. 26. Beau, patine olivâtre.

*136 **Uncia.** Svastica. — R̶. La marque de valeur • au centre d'un cercle convexe. S. Pl. 13,6 = H. Pl. 68,27 = Gar. Pl. XLII,5. Gr. 17,50. Mm. 25. Rare. Très belle, patine verte.

*137 — Un deuxième exemplaire qui dans le côté convexe a été surchargé d'un pentagone en creux. Gr. 17,40. Mm. 24. Très belle, patine verte.

Nota. — Je suis d'avis que le travail de surcharge dans cette pièce curieuse a été exécuté à l'époque de son émission, parce que la couleur de la patine est uniforme dans le fond des coupes et dans les proéminences de la pièce.

138 **Uncia.** Pièce abîmée qui permet de voir à l'avers une tête de femme et au R̶ une tête d'aigle. Type de Gar. Pl. XLV,7. Gr. 16,6. Mm. 24.

*139 **Semuncia.** Scarabée. — R̶. Astre à quatre rayons. S. Page 105,116 = H. Pl. 69,14 = Gar. Pl. 43,7. Rare, patine verte.

APULIA

I. — LUCERIA. Série de poids libral. Gar. Pl. LXIV.

*140 **Quincunx.** Roue à centre vide à quatre rais, sans cercle, en forme de croix. — R̶. Même roue ; dans un compartiment, •••••. S. Pl. 14,1. Même exemplaire = H. Pl. 70,7. Gr. 120. Mm. 31 × 45. Extrêmement rare. Très beau, avec superbe patine vert-noir luisant.

*141 **Quatrunx.** Foudre. — R̶. Massue, ••••. S. Pl. 14,2, H. Pl. 70,10. Gr. 104,40. Mm. 43. Très rare. Très belle pièce, avec superbe patine vert luisant.

142 — Un deuxième exemplaire. S. Pl. 14,2. Même exemplaire. Gr. 94. Mm. 42. Très rare. Patine noire.

*143 **Teruncius**. Astre à six rayons. — ℞. Dauphin à g. •••. S. Pl. 14,3 = H. Pl. 70,12. Gr. 89. Mm. 41. Très rare. Très belle pièce, patine gris-vert.

144 — Un deuxième exemplaire. H. Pl. 70,13. Gr. 59. Mm. 38. Rare, patine verte.

*145 **Uncia**. Grenouille. — ℞. Épi de blé. S. Pl. 14,5. Même exemplaire = H. Pl. 71,3. Gr. 30,50. Mm. 28. Très belle, avec superbe patine noir luisant.

146 — Un deuxième exemplaire avec indication de valeur • à g. de l'épi. H. Pl. 71,4. Gr. 40. Mm. 39. Très belle, patine verte.

*147 **Semuncia**. Croissant. — ℞. Thyrse. S. Page 107,130 = H. Pl. 71,7. Gr. 20. Mm. 18. Rare. Très belle, patine olivâtre.

*148 **As**. C.MODIO.GR.F.ITVLIO.L.F. Tête d'Apollon à dr. — ℞. Cheval au galop à dr.; au-dessus, un astre à plusieurs rayons. S. Page 108,133 = H. Pl. 70,6. Même exemplaire = Gar. Pl. LXIII,3. Gr. 278. Mm. 63. Troisième exemplaire connu.

Nota. — Cette pièce est fort coupée à l'avers et au ℞. Garrucci en donnant la description de ce même exemplaire à la page 34 de son ouvrage, dit que les deux coupes ont été occasionnées même par les deux trouveurs, qui ne pouvant s'accorder entre eux pour la propriété de la pièce, avaient décidé de la partager pour en avoir chacun la moitié. Heureusement ce travail a été arrêté par un collectionneur qui a acheté la pièce avant d'être entièrement coupée.

*149 **As**. Tête d'Apollon à g. — ℞. Coq. S. Pl. 14,6 = H. Pl. 64,8 = Gar. Pl. LXIII,2. Gr. 221. Mm. 68. Très rare. Très beau, avec superbe patine vert luisant.

150 — Un deuxième exemplaire. H. Pl. 64,9. Gr. 251. Beau, patine vert foncé.

II. — LUCERIA. Série de poids réduit. Gar. Pl. LXIV.

151 **As**. Tête d'Hercule à dr. — ℞. Cheval au galop à dr.; au-dessus, un astre à huit rayons; au-dessous, ↓. S. Pl. 15,1. Même exemplaire. H. Pl. 71,12. Gr. 71. Mm. 46. Très rare. Beau, patine noire.

*152 — Un deuxième exemplaire. H. Pl. 71,9. Gr. 76. Mm. 47. Très belle pièce, avec superbe patine noir luisant.

*153 **Quincunx**. Roue à quatre rais en forme de croix. — ℞. Même roue; dans les comparti-ments, •••• et lettre ↓. S. Page 108,138. H. Pl. 71,15. Gr. 31,30. Mm. 36. Beau, patine brun-noir.

154 — Un deuxième exemplaire. H. Pl. 71,14. Gr. 31. Mm. 38. Très beau, patine brune.

*155 **Quatrunx**. Foudre. — ℞. Massue •••• et ↓. S. Pl. 15,3. Même exemplaire. — H. Pl. 71,18. Gr. 32. Mm. 28. Très belle pièce, avec superbe patine olivâtre.

156 — Un deuxième exemplaire. H. Pl. 71,19. Gr. 32. Mm. 28. Beau, patine olivâtre.

*157 **Teruncius**. Astre à huit rayons. — ℞. Dauphin à dr., ••• et ↓. S. Pl. 15,4 = H. Pl. 71,22. Gr. 24,50. Mm. 27. Très beau, avec belle patine olivâtre.

*158 **Biunx**. Coquillage. — ℞. Astragale, •• et ↓. S. Page 108,141 = H. Pl. 71,24. Gr. 18,50. Mm. 26. Beau, patine noire.

159 — Un deuxième exemplaire. H. Pl. 71,25. Gr. 18. Mm. 25. Très beau, avec belle patine noir luisant.

*160 **Uncia**. Grenouille. — ℞. Épi de blé, ● et ↳. S. Page 108,142 = H. Pl. 71,26. Gr. 13,50. Mm 23. Belle, patine olivâtre.

*161 **Semuncia**. Croissant. — ℞. Thyrse. S. Pl. 15,6. Même exemplaire = H. Pl. 71,28. Gr. 6,50. Mm. 18. Belle, patine noire.

Nota. — Voir le *Semis* à type Romain, N° 50 de ce catalogue.

III. — VENUSIA. Série de poids libral. Gar. Pl. LXV.

*162 **Teruncius**. Coquillage. — ℞. Trois croissants placés en triangle. S. Page 110,154 = H. Pl. 73,2. Gr. 77. Mm. 41. Très rare. Beau, patine noire.

*163 **Biunx**. Dauphin à g., ●●. — ℞. Dauphin à g., ●●. S. Pl. 16,2 = H. Pl. 72,4. Gr. 68,40. Mm. 36. Très rare. Très beau, patine verte.

164 — Un deuxième exemplaire. Gr. 59. Mm. 35. Très rare. Beau, patine noire.

IV. — VENUSIA. Série de poids réduit. Gar. Pl. LXV.

*165 **Teruncius**. Coquillage. — ℞. (VE). Trois croissants placés en triangle. S. Page 110,157 = H. Pl. 73,10. Gr. 42,40. Mm. 39. Très rare. Très belle pièce, patine noire.

*166 **Biunx**. Dauphin à g., ●●. — ℞. Dauphin à g., ●● et (VE). S. Pl. 16,4. Même exemplaire = H. Pl. 73,13. Gr. 22,55. Mm. 28. Très rare. Très belle pièce, avec patine olivâtre.

V. — ASCULUM. Série de poids libral. Gar. Pl. XLVI.

*167 **Uncia**. Grande lettre **A** occupant entièrement le champ. — ℞. Caducée. S. Pl. 17,1 = H. Pl. 69,6. Gr. 18,50. Mm. 26. Extrêmement rare. Très belle pièce. Patine brune.

VI. — ASCULUM. Série de poids réduit. Gar. Pl. LXV.

*168 **Teruncius**. Grande lettre **A** occupant entièrement le champ, au-dessous, ●●●. — ℞. Foudre. S. Page 111,167 = H. Pl. 72,13. Gr. 27,50. Mm. 25. Extrêmement rare. Très beau, patine olivâtre.

*169 — Un deuxième exemplaire, presque semblable. H. Pl. 72,14. Gr. 28. Mm. 25. Extrêmement rare. Très beau, patine brune.

VII. — APULIA IN GENERE. Série de poids libral.

*170 **As**. Tête de sanglier à g., tenant les pattes en avant. — ℞. Fer de lance. S. Page 112,171 = H. Pl. 92,6 = Gar. Pl. XLVI,1. Gr. 300. Mm. 70. De la plus grande rareté. Beau, patine gris-vert.

*171 **Triens**. Tête de sanglier à dr.; au pourtour, ●●●●. — ℞. Lyre; au pourtour, ●●●●. S. Pl. 17,2. Même exemplaire = H. Pl. 66,13 = Gar. Pl. XLIV,2. Gr. 103. Mm. 48. Extrêmement rare. Très belle pièce, avec superbe patine vert luisant.

172 — Un deuxième exemplaire presque semblable. Gr. 92. Mm. 49. Beau, patine vert foncé.

*173 **Quadrans**. Tête de bélier à g., •••. — R⁄. Tête de dauphin à g., •••. S. Pl. 17,3. Même exemplaire = H. Pl. 67,5 = Gar. Pl. XLIV,3. Gr. 72. Mm. 41. Extrêmement rare. Beau, patine vert-bleu.

*174 **Sextans**. Tête de sanglier à g., ••. — R⁄. Chouette, ••. S. Pl. Suppl. C.4. Page 112,74 = H. Pl. 68,11 = Gar. Pl. LXVI,1. Gr. 42,45. Mm. 39. De la plus grande rareté. Beau, patine brun-noir.

*175 **Semuncia**. Grappe de raisin. — R⁄. Fer de lance. S. Page 112,179 ª = H. Pl. 69,15 = Gar. Pl. XLI, 6. Gr. 12,50. Mm. 22. Très rare. Très belle pièce, patine vert foncé.

176 — Un deuxième exemplaire. H. Pl. 69,16. Gr. 13,20. Mm. 22. Très rare. Belle, patine noire.

PICENUM

I. — HATRIA. Série de poids libral.

*177 **As**. Tête barbue de Silenus de face ; à dr., HAT. — R⁄. Chien couché dormant à dr. ; au-dessous la note de valeur |. S. Page 113,183 = H. Pl. 75,1 = Gar. Pl. LXI,1. Gr. 390. Mm. 80. Très rare. Très belle pièce, avec superbe patine olivâtre.

*178 **As**. Même tête de Silenus sans légende. — R⁄. HAT. Même chien couché dormant à dr. H. Pl. 75,4. Gr. 323. Mm. 71. Très rare. Très beau, patine noire.

*179 **Quincunx**. HAT. Tête de Méduse sortant d'un coquillage. R⁄. Pégase volant à dr. ; au-dessous, •••••. S. Pl. 17,4. Même exemplaire = H. Pl. 75,7 = Gar. Pl. LXI,2. Gr. 212. Mm. 57. Très rare. Très belle pièce, avec superbe patine verte.

*180 — Un deuxième exemplaire. H. Pl. 75,10. Gr. 233. Mm. 60. Très rare. Très belle pièce, patine noir luisant.

*181 **Quatrunx**. Tête d'Apollon à g. ••••. — R⁄. HAT. Kantarus, duquel sorte une plante fleurie. S. Pl. 18,2 = H. Pl. 76,2 = Gar. Pl. LXI,4. Gr. 189. Mm. 58. Très rare. Pièce splendide avec superbe patine vert-noir luisant.

*182 — Un deuxième exemplaire. Gr. 186. Mm. 58. Très rare. Pièce splendide avec superbe patine vert foncé luisant.

183 — Un troisième exemplaire. Gr. 134. Mm. 57. Très rare. Très beau, patine vert foncé.

*184 **Teruncius**. Raie à dr., la tête en bas, •••. — R⁄. HAT. Dauphin à dr., la tête en bas. S. Pl. 18,3 = H. Pl. 76,4 = Gar. Pl. LXII,1. Gr. 110. Mm. 43. Rare. Très beau, patine vert foncé.

*185 — Un deuxième exemplaire. H. Pl. 76,5. Gr. 102. Mm. 42. Rare. Très beau, avec belle patine verte.

186 — Un troisième exemplaire. Gr. 119. Mm. 42 × 48. Rare. Très beau, avec belle patine vert foncé.

*187 **Biunx**. HAT. Chaussure. — R⁄. ••. Coq à g. S. Pl. 18,4 = H. Pl. 76,8 = Gar. Pl. 72,2 Gr. 55,60. Mm. 36. Beau, patine vert-noir.

188 — Un deuxième exemplaire. H. Pl. 76,10. Gr. 52,50. Mm. 38. Très beau, patine brun foncé.

*189 **Uncia**. Ancre. — R⁄. H--A--T placés en triangle ; au centre, la marque de valeur •. S. Page 113,191 = H. Pl. 76,13 = Gar. Pl. 72,3. Var. Gr. 50. Mm. 33. Très beau, patine vert clair.

190 — Un deuxième exemplaire de poids réduit et de style différent. H. Pl. 76,15. Gr. 32,50. Mm. 33. Beau, patine brune.

*191 **Semuncia**. Grande lettre H occupant entièrement le champ. — R⁄. Grande lettre A ; à dr., la marque de valeur Σ. S. Pl. 18,5 = H. Pl. 76,19. = Gar. Pl. LXII.4. Gr. 17,40. Mm. 27. Belle, patine verte.

II. — VESTINI.

*192 **Semuncia**. Chaussure et la marque de valeur Σ. — R⁄. VES en une ligne, dans le champ. S. Pl. 19,1. Même exemplaire = H. Pl. 73,26 = Gar. Pl. LXII, 8. Gr. 21,40. Mm. 23. Extrêmement rare. Beau, patine olivâtre.

UMBRIA
I. — ARIMINUM.

*193 **Quadrans**. Tête d'un Gaulois à dr. — R⁄. Trident, •••. S. Pl. 19,2. Même exemplaire = H. Pl. 77,7 = Gar. Pl. LIX,5. Gr. 85. Mm. 48. Extrêmement rare. Beau, patine brun foncé.

*194 **Uncia**. Même tête. — R⁄. Proue de navire à g., et la marque de valeur •. S. Pl. 19,4. Même exemplaire = H. Pl. 77,14 = Gar. Pl. LX.1. Gr. 32,50. Mm. 33. Très rare. Splendide exemplaire avec merveilleuse patine vert luisant.

195 — Un deuxième exemplaire. H. Pl. 77,15. Gr. 35. Mm. 34. Beau, patine brun foncé.

II. — TUDER. Série de poids libral. Gar. Pl. LV.

*196 **Triens**. Main bandée, entre ••—••. — R⁄. ЭΔЭTVT écrit entre deux massues, au pourtour ••—••. S. Pl. 20,1 = H. Pl. 80,11. Gr. 79. Mm. 46. Extrêmement rare. Très belle pièce, avec superbe patine vert foncé.

*197 **Sextans**. Mouche entre •—•. — R⁄. Trident orné entre ••— VT. S. Pl. 20,2 = H. Pl. 81,1. Gr. 43,80. Mm. 38. Extrêmement rare. Très belle pièce, avec superbe patine brun-vert.

*198 **Uncia**. Kantharos, au-dessus la marque de valeur •. — R⁄. Fer de lance entre la marque de valeur • et VT invisible. S. Pl. 20,3 = H. Pl. 81,5. Gr. 26,10. Mm. 29. Rare. Très beau, patine vert-noir.

199 — Un deuxième exemplaire avec quelques variétés. Gr. 19,80. Mm. 29. Rare. Très beau, patine vert foncé.

*200 **Uncia**. Kantharos dans un cercle linéaire ; au-dessus, •. — R⁄. Fer de lance entre • et VT. S. Pl. 20,3. Même exemplaire = H. Pl. 81,6. Gr. 23,10. Mm. 27. Rare. Très beau, avec superbe patine noir luisant.

201 — Un deuxième exemplaire. Gr. 18,80. Mm. 27. Beau, patine noir luisant.

III. — TUDER. Série de poids réduit. Gar. Pl. LVI.

*202 **Semis**. Chien couché dormant à g. ; au-dessus, la légende ЭꓓꓴT. — R⁄. Lyre ; à dr., la marque de valeur C. S. Page 118,220 = H. Pl. 81,10. Gr. 32. Mm. 32. Beau, patine noire.

*203 — Un deuxième exemplaire. H. Pl. 81,11. Gr. 32,70. Mm. 31. Beau, patine verte.

204 — Même type. La marque de valeur ⊃ à g. de la lyre. H. Pl. 81,12. Gr. 40. Mm. 33. Beau, patine vert luisant.

205 — Un deuxième exemplaire. Gr. 35,20. Mm. 33. Beau, patine noire.

206 — Un troisième exemplaire. Gr. 27,20. Mm. 32. Beau, patine vert-bleu.

*207 — Même type. La marque de valeur C à dr. de la lyre ; et dans l'avers, la marque de valeur ∪ sous le chien. H. Pl. 81,13. Gr. 38,80. Mm. 33. Beau, patine olivâtre.

208 — Un deuxième exemplaire. Gr. 29,60. Mm. 29. Beau, patine noire.

209 — Même type ; la légende ƎꓷƎTVT sous le chien, et dans le Ŗ. la marque de valeur ⊃ à g. de la lyre. H. Pl. 81,14. Gr. 29,90. Mm. 32. Beau, patine noire.

*210 **Triens.** Main bandée entre ●● — ●●. — Ŗ. ƎꓷƎTVT entre deux massues ; au pourtour, ●● — ●●. S. Pl. 20,5 = H. Pl. 81,15. Gr. 30. Mm. 20. Beau, patine vert-noir.

211 — Un deuxième exemplaire. Gr. 26. Mm. 30. Beau, patine verte.

*212 — Même type. H. Pl. 81,16. Gr. 24. Mm. 30. Très beau, patine vert-noir.

*213 **Quadrans.** Grenouille, ●●●. — Ŗ. VT ●●●. Ancre. S. Pl. 20,6 = H. Pl. 81,19. Gr. 25,40. Mm. 28. Très beau, patine brune.

214 — Un deuxième exemplaire. Gr. 20,20. Mm. 28. Très beau, patine vert-noir.

215 — Un troisième exemplaire d'un module plus petit. Gr. 14. Mm. 25. Beau, patine olivâtre.

*216 **Sextans.** Mouche entre ● — ●. — Ŗ. Trident orné entre ●● — VT. S. Pl. 20,7. Même exemplaire = H. Pl. 81,24. Gr. 14. Mm. 22. Beau, patine gris-vert.

217 — Un deuxième exemplaire. Gr. 13,70. Mm. 22. Beau, patine gris-vert.

218 — Même type ; la légende VT a dr. du trident. Variété qui manque dans H. Gr. 12,30. Mm. 22. Beau, patine noire.

*219 **Uncia.** Kantharos ; au-dessus, la marque de valeur ●. — Ŗ. Fer de lance entre ● et VT. S. Pl. 20,8. Même exemplaire = H. Pl. 81,27. Gr. 10,50. Mm. 20. Beau, patine noire.

220 — Un deuxième exemplaire d'un module plus petit. H. Pl. 81,28. Gr. 7,05. Mm. 18. Beau, patine noire.

IV. — IGUVIUM. Série de poids libral. Gar. Pl. LVII-LVIII.

*221 **Semis.** IIꓘ∆ЬIИI. Croissant ; au centre, la note de valeur ⊃. — Ŗ. Disque solaire avec douze rayons. S. Pl. 21,1. Même exemplaire = H. Pl. 78,6. Gr. 109. Mm. 57. Extrêmement rare. Superbe exemplaire avec merveilleuse patine gris-vert luisant.

*222 — Un deuxième exemplaire aussi beau. Gr. 108. Mm. 57. Superbe patine gris-vert luisant.

*223 **Triens.** Roue à quatre rais, au pourtour la légende IIꓘ∆ЬIИI en caractères très petits. — Ŗ. Roue à quatre rais ; dans les compartiments, ●●●●. S. Page 119,229 = H. Pl. 78,8. Gr. 67,70. Mm. 43. Extrêmement rare. Très beau, patine brune.

*224 **Quadrans.** Roue à trois rais ; au pourtour, traces de la même légende IIꓘ∆ЬIИI. — Ŗ. Roue à trois rais ; dans les compartiments, ●●●. S. Pl. suppl. D. 3 = H. Pl. 78,11. Gr. 54,30. Mm. 40. Extrêmement rare. Très beau, patine noire.

*225 — Un deuxième exemplaire. H. Pl. 78,13. Gr. 45,30. Mm. 38. Extrêmement rare. Beau, patine vert-bleu.

*226 **Sextans**. Palme. — ℞. •• au centre d'un cercle linéaire. S. Pl. suppl. D.4 = H. Pl. 78,14. Gr. 34. Mm. 33. Très rare. Beau, patine brun luisant.

*227 **Uncia**. Grappe de raisin. — ℞. • au centre d'un cercle linéaire. S. Pl. 21,2. Même exemplaire = H. Pl. 78,17. Gr. 16,10. Mm. 25. Rare. Beau, patine vert foncé.

228 — Un deuxième exemplaire. Gr. 14. Mm. 24. Rare, patine verte.

ETRURIA
I. — Pièces en forme ovale. Gar. Pl. XXVII.

*229 **Sextans**. Massue. — ℞. •• dans le champ. S. Pl. 21,3 = H. Pl. 81,41. Gr. 27,60. Mm. 22 × 32. Très beau, patine olivâtre.

230 — Un deuxième exemplaire. Gr. 29. Mm. 21 × 32. Beau, patine olivâtre.

231 — Un troisième exemplaire. Gr. 22,40. Mm. 21 × 29. Beau, patine brun luisant.

232 **Uncia**. Même type, • dans le champ. S. Page 120,244 = H. Pl. 81,43. Gr. 13,50. Mm. 16 × 28. Patine brune.

II. — Série à la roue des deux côtés.

*233 **Sextans**. Roue à quatre rais ; dans deux compartiments, •—•. — ℞. Roue à quatre rais ; dans les compartiments, •• et la lettre V en creux. S. Pl. 21,4. Même exemplaire. = Var. de H. Pl. 85,14. Gr. 26. Mm. 31. Très rare. Très beau, avec superbe patine vert luisant.

*234 **Uncia**. Même type ; dans un compartiment, la lettre V en creux. Var. de S. Page 122,256 = H. Pl. 85,16. Gr. 14,15. Mm. 25. Très rare. Très belle, avec superbe patine vert-bleu.

III. — Série à la roue et au cratère.

*235 **Quadrans**. Roue à quatre rais. — ℞. Cratère ; au-dessus, M ; au-dessous, •••. S. Pl. 22,1. Même exemplaire = H. Pl. 86,9. Gr. 44. Mm. 38. Très rare. Beau, patine olivâtre luisant.

*236 **Sextans**. Même roue. — ℞. Cratère entre •—•. S. Pl. 22,2 = H. Pl. 86,12. Gr. 32,40. Mm. 33. Très rare. Très beau, patine vert foncé.

237 — Un deuxième exemplaire. Gr. 22,95. Mm. 33. Patine vert-noir.

*238 **Uncia**. Même roue. — ℞. Cratère. S. Pl. 22,3 = H. Pl. 86,15. Gr. 19,50. Mm. 25. Très rare, avec superbe patine olivâtre luisant.

IV. — Série à la roue et à l'amphore pointue.

*239 **Quadrans**. Roue à quatre rais. — ℞. Amphore pointue, entre •—••. S. Pl. 22,5. Même exemplaire = H. Pl. 87,14. Gr. 35,70. Mm. 39. Extrêmement rare. Très beau, patine vert-noir.

V. — Série à la roue et à l'ancre.

*240 **Semis**. Roue à six rais. — ℞. Ancre entre •••—•••. S. Page 125, 278 = H. Pl. 89,8. Gr. 82. Mm. 53. De la plus grande rareté. Très beau, avec superbe patine verte.

*241 — Un deuxième exemplaire. H. Pl. 89,7. Gr. 84. Mm. 52. De la plus grande rareté. Beau, patine vert foncé.

V. — VELATRI (VOLATERRAE). Série sans massue. Gar. Pl. XLIX.

*242 **Semis.** Double tête juvénile coiffée d'un pétase. — R̷. ꟼⱭOⱯⱯƎꟼ en légende circulaire; au centre, la note de valeur Ɔ. S. Pl. 23,1. Même exemplaire = H. Pl. 82,9. Gr. 69. Mm. 45. Très rare. Beau, patine noire.

243 — Un deuxième exemplaire. H. Pl. 82,8. Gr. 73,30. Mm. 45. Très rare. Beau, patine noire.

*244 **Triens.** Même double tête. — R̷. Même légende circulaire; au centre, ••••. S. Pl. 23,2. Même exemplaire = H. Pl. 82,10. Gr. 47,10. Mm. 39. Très rare. Très belle pièce, avec superbe patine vert-noir luisant.

*245 **Quadrans.** Même double tête. — R̷. Même légende circulaire; au centre, •••. S. Page 127, 302 = H. Pl. 82,11. Gr. 28,60. Mm. 35. Rare. Beau, patine vert-noir.

246 — Un deuxième exemplaire. Gr. 24,50. Mm. 33. Patine vert-bleu.

*247 **Sextans.** Même double tête. — R̷. Même légende circulaire; au centre, ••. S. Page 127,303 = H. Pl. 82,13. Gr. 24,90. Mm. 30. Rare. Très beau, avec superbe patine olivâtre luisant.

248 — Un deuxième exemplaire. Gr. 33,70. Mm. 32. Rare. Beau, patine vert-bleu.

*249 **Uncia.** Même double tête. — R̷. Même légende circulaire; au centre, •. S. Page 127,304 = H. Pl. 82,14. Gr. 15,10. Flan très large. Mm. 29. Rare. Beau, patine vert foncé.

*250 — Un deuxième exemplaire. S. Pl. 23,3. Même exemplaire. Gr. 15,10. Mm. 23. Rare. Beau, patine noire.

*251 — Un troisième exemplaire d'un module encore plus petit. Gr. 11,50. Mm. 21. Rare. Beau, patine brune.

VI. — VELATRI (VOLATERRAE). Série à la massue. Gar. Pl. XLVIII.

*252 **As.** Double tête junévile coiffée d'un pétase. — R̷, ꟼⱭOⱯⱯƎꟼ en légende circulaire. Massue; à g., la marque de valeur |. S. Pl. 23,4 = H. Pl. 83,7. Gr. 138. Mm. 57. Très rare. Beau, patine olivâtre.

*253 **Semis.** Même double tête. — R̷. Même légende circulaire. Massue; à g., la marque de valeur Ɔ. S. Pl. 23,5. Même exemplaire = H. Pl. 84,2. Gr. 71. Mm. 46. Très rare. Très beau, patine verte.

254 — Un deuxième exemplaire. H. Pl. 84,3. Gr. 74,50. Mm. 46. Beau, patine vert foncé.

*255 **Triens.** Même double tête. — R̷. Même légende circulaire. Massue, entre ••—••. S. Page 127,308 = H. Pl. 84,4. Gr. 53. Mm. 42. Très rare. Très beau, patine verte.

256 — Un deuxième exemplaire. H. Pl. 84,5. Gr. 44,50. Mm. 41. Très rare. Très beau, patine brune.

257 — Un troisième exemplaire presque semblable. Gr. 41,50. Mm. 40. Beau, patine brune.

*258 **Quadrans.** Même double tête. — R̷. Même légende circulaire. Massue, entre ••—•. S. Pl. 23,6 = H. Pl. 84,6. Gr. 43,45. Mm. 37. Rare. Très beau, patine verte.

259 — Un deuxième exemplaire. H. Pl. 84,7. Gr. 38,70. Mm. 36. Rare. Beau, patine olivâtre.

260 — Un troisième exemplaire presque semblable. Gr. 36,70. Mm. 37. Rare. Patine noire.

*261 **Sextans**. Même double tête. — R⁄. Même légende circulaire. Massue, entre ●—●. S. Page 127,310 = H. Pl. 84,8. Gr. 28,25. Mm. 34. Rare. Très beau, patine verte.

262 — Un deuxième exemplaire. H. Pl. 84,9. Gr. 34. Mm. 33. Rare. Beau, patine noire.

*263 **Uncia**. Même double tête. — R⁄. Même légende circulaire. Massue ; à g., la marque de valeur ●. S. Page 127,311. = H. Pl. 84,10. Gr. 18,80. Mm. 27. Rare. Pièce splendide, avec superbe patine olivâtre.

*264 — Un deuxième exemplaire. Gr. 17,20. Mm. 28. Rare. Très beau, patine vert foncé.

265 — Un troisième exemplaire. Gr. 13,80. Mm. 25. Rare, patine verte.

VII. — VELATRI (VOLATERRAE). Série au dauphin. Gar. Pl. XLVII.

*266 **Semis**. Double tête juvénile coiffée d'un pétase. — R⁄. |◁OΛ∀Ǝꓱ. Dauphin à g. S. Pl. 24,3 = H. Pl. 84,16. Gr. 68. Mm. 45. Extrêmement rare. Très belle pièce, avec superbe patine gris-vert luisant.

*267 — Un deuxième exemplaire. H. Pl. 84,17. Gr. 68. Mm. 45. Très rare. Beau, patine vert-noir.

ITALIE CENTRALE

*268 **NEPETE ? Sextans**. Tête de sanglier à dr. ; au-dessous, M ; au-dessus, ●●. — R⁄. Tête de sanglier à dr. ; au-dessous, И. S. Pl. suppl. C. 5. Même exemplaire = H. Pl. 68,15 = Gar. Pl. XLIV,7. Gr. 56,20. Mm. 35. Extrêmement rare. Beau, patine vert-noir.

*269 **Uncia**. Grain d'orge ; au-dessous, M et ● ; au-dessus, И. — R⁄. Astre à huit rayons. S. Page 129,316 = H. Pl. 68,18 = Gar. Pl. XLIV,6. Gr. 31,60. Mm. 29. Extrêmement rare. Très belle pièce, avec superbe patine olivâtre.

*270 **MELITUM ? Uncia**. Tête d'homme à dr., les cheveux bouclés ; derrière, ●. — R⁄. ∀ƎМ. Dauphin à dr. S. 24,4. Même exemplaire = H. Pl. 69,42. Manque dans Gar. Gr. 10,05. Mm. 24. Extrêmement rare. Pièce splendide avec superbe patine noir luisant.

*271 **VILLE INCERTAINE. Sextans**. Croissant surmonté d'une étoile entre ●—●. — R⁄. Faucille entre ●—●. Manque dans S, dans Haeb. et dans Gar. Gr. 14. Mm. 23. Extrêmement rare. Très beau, patine brune.

*272 **Triens** de poids réduit. Cocon de soie. — R⁄. ●●—●● dans le champ. Manque dans S. — H. Pl. 69,52 = Gar. Pl. XLIV,9. Gr. 9,20. Mm. 18. Très rare. Très beau, patine brune.

OLBIA (SARMATIAE)

*273 **As**. Gorgoneion de face, tirant la langue, les cheveux bouclés. — R⁄. Trace de légende APIX. Aigle, les ailes éployées, sur un dauphin à g. Cat. Musée de Berlin. Page 16,1. Gr. 125. Mm. 67. Très rare. Beau, patine verte.

*274 **As**. Tête de femme de face avec diadème et collier de perles, les cheveux épars. — R⁄. HIꓭΛO. Aigle, les ailes éployées, sur un dauphin à dr. ; au-dessous, un épi de blé et la lettre Y. Var. de Cat. Musée de Berlin. Page 16,2. Gr. 125. Mm. 67. Très rare. Très beau, patine brune.

DEUXIÈME PARTIE

PIÈCES FRAPPÉES

B. *Ernest Babelon*. Monnaies de la République romaine. Paris, 1885-1886.
G. *H.A. Grueber*. Coins of the Roman Republic in the British Museum. London, 1910.

CAMPANIA

*275 (306-281 av. J.-C.). **Didrachme**. Tête de Mars barbue à g.; derrière, une branche de chêne. R⳽. ROMANO. Protomé de cheval bridé à dr. ; derrière un épi. B. 4. == G. Pl. 74,1. Gr. 7,32. Belle.

276 **Bronze**. Tête casquée de Minerve à g. — R⳽. ROMAN. Protomé de cheval à dr. B. 5 = G. Pl. 74,3. Mm. 17. Beau, patine noire.

Nota. — M. Sydenham réunit ces deux types nᵒˢ 275, 276 à la série 51 à 64 de ce catalogue. Voir note à la page 96 de son ouvrage.

*277 (279-257 av. J.-C.). **Didrachme**. Tête de Mars imberbe à dr., coiffée d'un casque orné du griffon. — R⳽. ROMA. Protomé de cheval bridé à dr. ; derrière, une faucille. B. 34 == G. Pl. 74,16. Gr. 6,35. Rare. Très belle pièce en haut relief.

*278 **Drachme**. Même type. Manque dans B. — Gr. Pl. 74,17. Gr. 3,19. Très rare. Belle.

*279 **Bronze**. Même type. B. 35. = G. Pl. 74,18, Mm. 16. Très beau, avec superbe patine vert-noir.

Nota. — M. Sydenham réunit ces trois types nᵒˢ 277 à 279 à la série 65 à 73 de ce catalogue. Voir note à la page 98 de son ouvrage.

*280 (279-275). Tête laurée d'Apollon à dr. — R⳽. ROMA. Cheval libre galopant à g. B. 39 = G. Pl. 74,20. Mm. 15. Pièce splendide avec superbe patine noir luisant.

281 — Un deuxième exemplaire. Très beau, patine noire.

Nota. — M. Sydenham réunit ce type nᵒ 280 à la série 74 à 89 de ce catalogue. Voir note à la page 98 de son ouvrage.

*282 (279-275). Tête de Rome à dr., coiffée d'un casque phrygien ; derrière, symbole : chien à g. — R⳽. ROMANO. Victoire à demi nue, debout à dr., tenant une longue palme ; dans le champ, lettre Γ. B. 7 = G. Pl. 74,11. Manque cette variété. Gr. 6,60. Rare. Belle.

*283 — Un deuxième exemplaire avec symbole : couronne derrière la tête de Rome et lettre N dans le champ du R⳽. Cette variété manque dans G. Gr. 6,47. Rare. Beau.

**

*284 **Bronze**. Même tête de Rome à dr. — Ɍ. **ROMA**. Chien courant à dr. B. 42 = G. Pl. 74,12. Mm. 12. Très belle pièce, avec superbe patine vert-noir luisant.

Nota. — M. Sydenham réunit ces types nᵒˢ 282 à 284 à la série 90 à 98 de ce catalogue. Voir note à la page 99 de son ouvrage.

*285 **Didrachme**. Tête diadémée d'Hercule imberbe à dr. — Ɍ. **ROMANO**. La louve à dr., allaitant les jumeaux. B. 8 = G. Pl. 74,9. Gr. 6,86. Rare. Très belle.

*286 **Bronze**. Tête d'Hercule à dr., imberbe et coiffée de la peau de lion. — Ɍ. **ROMA**. Pégase au galop à dr. ; derrière, massue. B. 41 = G. Pl. 74,14. Mm. 18. Pièce splendide avec merveilleuse patine noir luisant.

287 — Un deuxième exemplaire. Mm. 20. Beau, patine brune.

*288 (290-240). **Didrachme**. Tête laurée imberbe de Janus. — Ɍ. **ROMA** en lettres incuses. Jupiter dans un quadrige au galop à dr. B. 23 = G. Pl. 75,2. Gr. 6,32. Belle.

289 **Didrachme**. Même type, sauf que la légende **ROMA** est en relief. B. 24 = G. Pl. 75,4. Gr. 6,15. Belle.

*290 **Triens**. ●●●●. Tête diadémée de Junon à dr. — Ɍ. **ROMA** ●●●●. Hercule jeune debout à dr., s'apprêtant à frapper un centaure. B. 15 = G. Pl. 75,8. Mm. 36. Rare. Très beau, patine brune.

*291 **Quadrans**. ●●●. Tête jeune d'Hercule à dr., coiffée d'une hure de sanglier. — Ɍ. **ROMA** ●●●. Taureau bondissant à dr. ; au-dessous, un serpent. B. 16 = G. Pl. 75,9. Gr. 37,55. Mm. 33. Rare. Très beau, patine noir luisant.

*292 — Même type ; au-dessus du taureau, la marque de valeur ●●● et un épi. B. 17 = G. Pl. 75,13. Gr. 20,40. Mm. 31. Rare. Très beau, patine noir luisant.

*293 — Même type de poids réduit. B. 18 = G. 141. Gr. 12,65. Mm. 26. Rare. Beau, patine noire.

294 — Même type de poids encore plus réduit. B. 19 = G. 144. Gr. 5,93. Patine noire.

*295 **Sextans**. La louve allaitant les jumeaux, ●●. — Ɍ. **ROMA** ●●. Corbeau à dr., tenant une fleur dans son bec. B. 20 = G. Pl. 75,10. Mm. 29. Très beau, patine vert foncé.

*296 **Uncia**. Tête du Soleil de face, ●. — Ɍ. **ROMA**. Croissant surmonté de ● et de deux étoiles. B. 21 = G. Pl. 75,11. Mm. 24. Très belle, avec superbe patine vert luisant.

297 — Un deuxième exemplaire. Beau, patine vert foncé.

*298 **Semuncia**. Tête tourelée de femme à dr. — Ɍ. **ROMA**. Cavalier au galop à dr. B. 43 = G. Pl. 75,12. Mm. 20. Beau, patine brune.

Nota. — Voir la description de ces pièces 290 à 298 à la page 106 nᵒˢ 119 à 123 de l'ouvrage de M. Sydenham.

ROMA

I. — Monnaies Consulaires sans symboles.

*299 (240-229 av. J.-C.). **Sesterce**. IIS. Tête de Rome casquée à dr. — Ɍ. **ROMA**. Les Dioscures au galop à dr. B. 4 = G. Pl. XII,8. Rare. Très beau.

*300 — Un deuxième exemplaire avec quelques variantes. Rare. Très beau.

*301 (268-240). **Sextans** (Semilibral). Tête de Mercure à dr., ●●. — Ɍ. **ROMA** ●●. Proue de navire à dr. B. 18 = G. Pl. XI,3. Gr. 27,85. Mm. 30. Très beau, patine verte.

*302 **Uncia** (Semilibrale). Téte de Pallas à g., •. — ℞. ROMA •. Proue de navire à dr. B. 19 == G. Pl. XI,5. Gr. 13. Mm. 24. Très belle pièce avec superbe patine vert luisant.

303 **Uncia** (Trientale). Tête de Pallas à dr., •. — ℞. ROMA •. Proue de navire à dr. G. Pl. XI,7. Gr. 8,90. Mm. 22. Belle, patine noir luisant.

304 **Semuncia** (Semilibrale). Tête de Mercure à dr. — ℞. ROMA. Proue de navire à dr. G. Pl. XI,9. Gr. 6,76. Mm. 19. Belle, patine noire.

305 **Quartuncia** (Semilibrale). Téte de Rome casquée à dr. — ℞. ROMA. Proue de navire à dr. G. Pl. XI,11. Gr. 3,68. Rare. Belle, patine noire.

306 **Semis** (Sextantaire). S. Tête de Jupiter à dr. — ℞. S.ROMA. Proue de navire à dr. G. Pl. XII,10. Gr. 17. Très beau.

307 **Triens** (Sextantaire). Téte de Pallas à dr. — ℞. ROMA ••••. Proue de navire à dr. G. Pl. XII,11. Gr. 12. Beau.

308 **Quadrans** (Sextantaire). •••. Tête jeune d'Hercule à dr. — ℞. ROMA •••. Proue de navire à dr. G. Pl. XII,12. Gr. 12. Très beau, patine olivâtre.

*309 — Un deuxième exemplaire de type différent. Gr. 7,50. Très beau, avec superbe patine vert luisant.

*310 — Un troisième exemplaire encore varié, de type spécial. Gr. 11,38. Rare. Très beau, patine verte.

311 **Uncia** (Sextantaire). Téte de Rome à dr., •. — ℞. ROMA •. Proue de navire à dr. G. Pl. XII,14. Gr. 5,42. Belle, patine noire.

II. — **Lex Papiria** (88 av. J.-C.).

*312 **Semis.** S. Tête de Jupiter à dr. — ℞. L.P.D.A.P. Proue de navire à dr. B. 223 = G. Pl. XXXV,10. Rare. Très beau, avec superbe patine noir luisant. Rare à trouver en bel état de conservation.

III. — **Monnaies Consulaires avec symboles.**

*313 (240-229). **ÉPI DE BLÉ. Quinaire.** Tête casquée de Rome à dr. ; derrière, V. — ℞. ROMA. Les Dioscures au galop à dr. ; au-dessous, un épi. G. Pl. XIII,2. Rare. Très beau.

*314 (229-217). **BATON. Denier.** Tête casquée de Rome à dr. ; derrière, X. — ℞. ROMA. Les Dioscures au galop à dr. ; au-dessous, un bâton couché. Très rare. Splendide.

*315 **MASSUE. Denier.** Une massue couchée sous les Dioscures. G. Pl. XIII,11. Splendide.

*316 **Victoriat.** Tête de Jupiter à dr. — ℞. ROMA. Victoire érigeant un trophée ; dans le champ, une massue debout. G. Pl. XIII,12. Rare. Très beau.

317 **As.** Une massue couchée sur la proue. G. Pl. XIII,13. Gr. 48,70. Mm. 37. Rare. Très beau, patine brune.

*318 **Sextans.** Même type. G. 317. Gr. 5,40. Mm. 20. Très rare. Très beau, patine noire.

*319 **FER DE LANCE. Denier.** Fer de lance couché au-dessous des Dioscures galopant à dr. G. Pl. XIII,14. Rare. Splendide.

*320 **MOUCHE. As.** Une mouche sur la proue. G. Pl. XIII, 16. Très rare. Beau, patine olivâtre.

*321 **Quadrans**. Une mouche devant la proue. Manque dans G. Extrémement rare. Belle, patine noire.

322 **DAUPHIN. As**. Un dauphin placé verticalement, la tête en bas, devant la proue. G. Pl. XIV 1. Rare. Beau.

*323 **CORNE D'ABONDANCE. As**. Corne d'abondance au-dessous. G. XIV,2. Très rare. Beau, patine noire.

*324 **CROISSANT. Denier**. Un croissant au-dessus des Dioscures galopant à dr. Très beau.

325 **As**. Un croissant au-dessus de la proue. G. Pl. XIV,3. Gr. 45,90. Mm. 37. Beau, patine verte.

*326 **GOUVERNAIL ET OISEAU. As**. Un gouvernail et un oiseau au-dessus de la proue. G. Pl. XIV.5. Rare. Très beau, avec superbe patine noir luisant.

*327 **Quadrans**. Même type. Manque dans G. Extrêmement rare. Très beau, avec superbe patine vert luisant.

*328 **ANCRE. As**. Une ancre placée verticalement devant la proue. G. Pl. XIV,6. Très beau, patine noire.

329 — Un deuxième exemplaire. Très beau, patine vert clair.

*330 **Semis**. Même type. G. Pl. XIV,7. Rare. Très beau, avec superbe patine noir luisant.

*331 **Triens**. Même type. Manque dans G. Extrêmement rare. Très belle pièce, patine brune.

*332 **CORNE D'ABONDANCE. Denier**. Une corne d'abondance au-dessous des Dioscures au galop à dr. G. Pl. XV,7. Splendide.

*333 **Victoriat**. Une corne d'abondance verticale dans le champ, entre la Victoire et le trophée. G. Pl. XV,8. Rare. Très beau.

*334 **DAUPHIN. Denier**. Un dauphin au-dessous des Dioscures galopant à dr. G. Pl. XV.9. Splendide.

335 **As**. Un dauphin placé horizontalement sur la proue. G. XV,10. Beau, patine brune.

*336 **BATON. Denier**. Un bâton devant la tête de Rome. — ℞. Les Dioscures. G. Pl. XV,14. Rare. Très beau.

*337 **PROUE DE NAVIRE**. Une proue sur la proue. G. Pl. XVI,2. Rare. Très beau, patine verte.

*338 **Semis**. Même type. G. Pl. XVI,3. Rare. Beau, patine noire.

*339 **ETOILE. Denier**. Une étoile à huit rais au-dessous des Dioscures. G. Pl. XVI,5. Rare. Splendide.

340 **As**. Même étoile sur la proue. G. Pl. XVI,6. Très beau, patine brune.

*341 **Semis**. Même type. G. Page 55,465. Rare. Beau, patine noire.

*342 **FOUDRE. As**. Un foudre vertical devant la proue. Manque dans G. Très rare. Beau, patine brune.

*343 **COUTEAU. As**. Un couteau horizontal sur la proue. G. Pl. XVI,10. Très rare. Très belle pièce.

*344 **PORC. As**. Un porc au-dessus de la proue. Manque dans G. Très rare. Très beau, avec superbe patine verte.

*345 **CHIEN. As**. Un chien au-dessus de la proue. G. Pl. XVII,3. Rare. Beau, patine brune.

*346 **FER DE LANCE ET VICTOIRE. As.** Un fer de lance vertical et une Victoire volant à dr., sur la proue. G. Pl. XVII,7. Très beau, avec superbe patine olivâtre luisant.

*347 **Triens.** Même type. Manque dans G. Très rare. Très beau.

*348 **LES BONNETS DES DIOSCURES. Quadrans.** Les deux bonnets des Dioscures sur la proue. Ce symbole manque dans G. Extrêmement rare. Beau, patine olivâtre.

*349 **MARTEAU. Triens.** Un marteau placé horizontalement sur la proue. Ce symbole manque dans G. Extrêmement rare. Très beau, avec superbe patine vert-noir.

*350 **GRAPPE DE RAISIN ET PAPILLON. As.** Un papillon posé sur une branche de vigne avec sa grappe, sur la proue. G. Pl. XVII,8. Rare. Beau, patine olivâtre.

351 — Un deuxième exemplaire avec quelques différences dans le symbole. Rare. Beau, patine noire.

*352 **ANE. Semis.** Un âne debout à dr., sur la proue. Ce symbole manque dans G. Extrêmement rare. Très beau, patine noire.

353 **LOUVE AVEC LES JUMEAUX. As.** La louve avec les jumeaux sur la proue. G. Pl. XVII,10.

*354 **COURONNE. As.** Une couronne sur la proue. G. Pl. XVIII.3. Rare. Très beau, patine brune.

*355 **CHEVAL. Triens.** Un cheval debout à dr., sur la proue. Manque dans G. Très rare. Très beau, patine noire.

356 **BŒUF ET MONOGRAMME MD. As.** Un bœuf et le monogr. MD sur la proue (Durmia ?). B. Page 57. Beau, patine noire.

*357 **VICTOIRE COURONNANT LES DIOSCURES. Denier.** Une Victoire volant et couronnant les Dioscures galopant à dr. G. Pl. 78,11. Très rare. Splendide.

*358 **VICTOIRE. As.** Même Victoire volant à dr. et tenant une couronne sur la proue. G. Pl. 78,12. Très rare. Très beau, avec superbe patine verte.

*359 **Semis.** Même type. G. Pl. 78,13. Très rare. Très beau, patine brune.

*360 **Triens.** Même type. G. Pl. 78,14. Rare. Très beau, patine brun-noir.

361 — Un deuxième exemplaire. Rare. Très beau, patine verte.

362 — Un troisième exemplaire varié. Beau, patine noire.

*363 — Un quatrième exemplaire encore varié et de petit module. Mm. 21. Beau, patine noire.

*364 **Quadrans.** Même type. G. Pl. 79,1. Très rare. Très beau, patine brune.

*365 **Sextans.** Même type. G. Pl. 79,2. Très rare. Beau, patine noire.

*366 **BONNET DE DIOSCURE. Denier.** Un bonnet de Dioscure placé horizontalement au-dessous des Dioscures. G. Pl. 79,4. Rare. Très beau.

*367 **BONNET DE DIOSCURE ET MARTEAU. As.** Un bonnet de Dioscure et un marteau sur la proue. G. Pl. 79,6. Rare. Beau, patine noire.

*368 **Semis.** Même type. G. Pl. 79,7. Très rare. Très beau, avec belle patine brun-noir.

*369 **CADUCÉE. Denier.** Un caducée placé horizontalement sous les Dioscures. G. Pl. 79,9. Rare. Très beau.

*370 **As.** Le même caducée placé sur la proue. G. Pl. 79,10. Très rare. Beau, patine brune.

*371 **Triens**. Même type. G. Pl. 79,11. Rare. Beau, patine olivâtre.

*372 — Même type de poids et de module réduit. Gr. 5,14. Mm. 20. Rare. Beau, patine noire.

*373 **Quadrans**. Même type. G. Pl. 79,12. Rare. Très beau, belle patine olivâtre.

*374 **Sextans**. Même caducée placé sur la proue. Manque dans G. Très rare. Très beau, patine olivâtre.

*375 **FER DE LANCE. Denier**. Fer de lance vertical au-dessous des Dioscures au galop à dr. G. Pl. 80,1. Rare. Très belle pièce.

*376 **Quinaire**. Même type. G. Pl. 80,2. Rare. Très beau.

*377 **BATON. As**. Bâton augural placé horizontalement au-dessus de la proue. G. Pl. 80,6. Très rare. Très beau, patine brun-vert.

*378 **Semis**. Même type. G. Pl. 80,7. Rare. Beau, patine verte.

*379 — Même type de poids et de module réduit. Gr. 14,03. Mm. 28. Rare. Beau, patine verte.

*380 **Quadrans**. Même type de poids réduit. Gr. 6,22. Mm. 20. Var. de G. Pl. 80,10. Rare. Très belle pièce. Patine brune.

*381 **Sextans**. Même type. G. Pl. 80,11. Rare. Très beau, patine brune.

*382 **PENTAGONE. Victoriat**. Pentagone entre la Victoire et le trophée. Manque dans G. Très rare. Beau.

*383 **ÉPI. Semis**. Épi placé horizontalement au-dessus de la proue. Manque dans G. Voir G. Page 164. Extrêmement rare. Très beau, patine noire.

*384 **Sextans**. Même type. G. Pl. 80,13. Rare. Très beau, patine noire.

*385 **Uncia**. Même type. G. Pl. 80,14. Rare. Très beau, patine noire.

*386 **CADUCÉE. Denier**. Caducée placé horizontalement au-dessous des Dioscures. G. Pl. 81,9. Très beau.

*387 **BRANCHE DE LAURIER. Denier**. Branche de laurier derrière la tête de Rome. G. Pl. 81,13. Rare. Très belle pièce.

*388 **Quadrans**. La branche de laurier placée sur la proue. Manque dans G. Très rare. Beau. Patine brune.

*389 **ROUE. Denier**. Roue à six rayons placée au-dessous des Dioscures au galop à dr. G. Pl. 88,4. Rare. Splendide.

*390 **GRIFFON. Denier**. Griffon au-dessous des Dioscures. G. Pl. 88,12. Beau.

*391 **As**. Même griffon sur la proue. G. Pl. 88,13. Rare. Beau, patine noire.

*392 — Même type de poids réduit. Gr. 19,38. Rare. Très beau.

*393 **CASQUE SURMONTÉ D'UN CROISSANT. Semis**. Casque surmonté d'un croissant sur la proue. Manque dans G. Voir G. Page 226. Extrêmement rare. Très beau, patine brune.

*394 **Sextans**. Même casque avec croissant placé devant la proue. Manque dans G. Extrêmement rare. Très beau, patine brune.

IV. — Consulaires anonymes avec des lettres.

*395 **Semis**. Lettre A au-dessus de la proue. Manque dans G. Gr. 9,30. Mm. 23. Très rare. Beau, patine gris-vert.

*396 **LUCERIA**. **As**. Tête de Janus ; au-dessous la note de valeur —. — R⁄. Lettre Ⴑ devant la proue. G. Pl. 83,11. Rare. Très beau, patine noire.

*397 **Triens** de poids réduit. Lettre Ⴑ devant la proue. Manque dans G. Var. de l'exemplaire indiqué dans G. Page 184. Extrêmement rare. Très beau, patine noire.

*398 **Uncia**. Lettre Ⴑ et ● au-dessous de la proue. G. Pl. 82,11. Rare. Très beau, patine noire.

*399 **Semuncia**. Tête de Mercure à dr. — R⁄. Lettre Ⴑ au-dessous de la proue. G. Pl. 82,12. Rare. Très beau, patine noire.

*400 **LUCERIA ET TEANUM**. **Quadrans** au type du **Sextans**. ●●●. Tête de Mercure à dr. au lieu de la tête d'Hercule. — R⁄. ●●●. Proue à dr. ; devant elle, la lettre T. Manque dans G. Extrêmement rare. Beau, patine verte.

Nota. — La lettre Ⴑ n'est pas certaine dans cet exemplaire ; elle devrait être, comme habituellement, au-dessous de la tête de Mercure.

*401 **Sextans**. ●●. Tête de Pallas à dr. ; au-dessous, lettre Ⴑ. — R⁄. ROMA. Les Dioscures au galop à dr. ; au-dessous, lettre T. G. Pl. 84,4. Extrêmement rare. Beau, patine noire.

*402 **MONOGRAMME MA**. **Semis**. Monogr. MA placé verticalement devant la proue. Manque dans G. Voir G. Page 171. Extrêmement rare. Très beau, patine brune.

403 **MONOGRAMME AVR**. **Sextans**. Monogr. AVR placé verticalement devant la proue. G. Pl. 81,20. Beau.

*404 **CANUSIUM ? Sextans**. Lettre C devant la proue. G. Pl. 84,9. Rare. Beau, patine brune.

*405 **ROMA**. **As**. Le mot ROMA en monogr. devant la proue. Manque dans G. Voir G. Page 191. Extrêmement rare. Beau, patine gris-vert.

*406 **Semis**. Le même monogr. devant la proue. G. Pl. 84,12. Très rare. Très beau, patine noire.

*407 **Quadrans**. Même type. G. Pl. 84,13. Très rare. Très beau, patine brune.

*408 — Un deuxième exemplaire un peu varié et de module plus petit. Très rare. Beau, patine verte.

*409 **HERDONEA ? Quinaire**. La lettre H au-dessous des Dioscures galopant à dr. G. Pl. 84,16. Rare. Splendide.

*410 — Un deuxième exemplaire de style différent ; la tête de Rome plus petite que dans le précédent. Rare. Très beau.

*411 **As**. La lettre H devant la proue. G. Pl. 85,1. Rare. Très belle pièce, avec superbe patine verte.

*412 **Semis**. Même lettre H devant la proue. G. Pl. 85,2. Très rare. Beau, patine noire.

*413 **Triens**. Même type. G. Pl. 85,3. Très rare. Très beau, patine olivâtre.

*414 **Sextans**. Même type. Manque dans G. Très rare. Très beau, patine verte.

*415 **MATEOLA ? Quinaire**. Le monogr. MT au-dessous des Dioscures galopant à dr. G. Pl. 85,14. Rare. Beau.

*416 **VIBO**. **Victoriat**. Le monogr. VB dans le champ entre la Victoire et le trophée. G. Pl. 85,16. Rare. Splendide.

*417 **NOLA ? Quadrans**. Lettre N· au-dessus de la proue. Manque dans G. Série de poids réduits. Gr. 3,98. Mm. 17. Très rare. Très beau, patine gris-vert.

418 **VILLE INCERTAINE**. **MONOGRAMME MP**. **Victoriat**. Le monogr. MP dans le champ, entre la Victoire et le trophée. G. Pl. 86,5. Beau.

*419 **LETTRE P. As.** Lettre P au-dessus de la proue. Manque dans G. Très rare. Très beau, avec belle patine gris-vert.

*420 **PALIO. Dextans.** Tête de Cérès couronnée d'épis ; derrière, lettre ᴨ. — ℞. ROMA — S ●●●●. Victoire dans un quadrige à dr. ; devant le quadrige, ᴨ. G. Pl. 86,9. De la plus grande rareté. Très beau, patine noire.

*421 **Quincunx.** Tête laurée d'Apollon à dr. ; derrière, ᴨ. — ℞. ROMA — ●●●●●. Les Dioscures au galop à dr. G. Pl. 86,12. Extrêmement rare. Beau, patine noire.

*422 **CANUSIUM. As.** Tête de Janus ; au-dessus, la marque de valeur — ; au-dessous, CA. — ℞. ROMA. Proue de navire à dr. ; au-dessus, la marque de valeur | ; devant la proue, CA. Var. de G. Pl. 87,1. Très rare. Très belle pièce, patine brune.

*423 — Même type, d'un module plus petit et de poids réduit. Gr. 12. Très rare. Très beau, patine noire.

*424 **Semis.** Mêmes lettres CA devant la proue. G. Pl. 87,2. Très rare. Beau, patine brun foncé.

*425 **Triens.** Mêmes lettres CA devant la proue. G. Pl. 87,3. Rare. Très beau, patine brune.

*426 — Un deuxième exemplaire d'un style différent. Beau, patine noire.

*427 — Un troisième exemplaire de style varié. Rare. Très beau et complet, on voit les lettres CA au-dessous de la tête de Pallas. Patine vert-noir luisant.

*428 **Uncia.** Mêmes lettres CA devant la proue. Manque dans G. Voir la marque dans G. Page 207. Extrêmement rare. Beau, patine noire.

429 **LES CAMPANIENS ÉMIGRÉS EN SICILE. Sextans.** Le monogr. KAM devant la proue ; en plus, un épi de blé sur la proue. G. Pl. 87,7. Rare. Beau, patine noire.

*430 — Un deuxième exemplaire de style différent. Très beau, patine noire.

*431 **MONOGRAMME MAT. Denier.** Monogr. MAT au-dessous des Dioscures galopant à dr. G. Pl. 90,13. Rare. Très beau.

432 **PIÈCE ANONYME. Quinaire.** Tête d'Apollon à dr. — ℞. ROMA. Victoire érigeant un trophée, lettre V dans le champ. G. Page 314, n° 762. Très beau.

V. — Familles Consulaires.

*433 **ABVRIA.** *C. Aburius Geminus* 124-103. **Quadrans.** C. ABVRI—GEM. sur la proue. B. 3 Très beau.

*434 *M. Aburius Geminus* 124-103. **Quadrans.** M. ABVRI. M. F—GEM. sur la proue. B. 7. Très beau.

435 — Un deuxième exemplaire de module plus petit. Mm. 18. Très beau, patine vert luisant.

*436 — Un troisième exemplaire de module encore plus réduit. Mm. 15. Très beau, patine noire.

*437 **ACILIA.** *M. Acilius M. F.* 100 av. J.-C. **Semis.** M. ACILI. sur la proue. B. 5. Rare. Très beau, patine noire.

*438 **Semis** frappé à Agrigente. Tête de Jupiter à dr. — ℞. MV. ACILI. Aigle de face, les ailes éployées. B. 10. Rare. Beau, patine noire.

439 **AEMILIA.** *L. Aemilius Paullus* 196-173. **As.** Le monogr. L. A. P. sur la proue. B. 1. Très beau, patine verte.

*440 **Quadrans**. Même monogr. L.A.P. sur la proue. B. 5. Manque dans G. Très rare. Très beau, patine brune.

441 **ANTESTIA**. *C. Antestius Labeo* 172-151. **As**. C.ANTESTI et un chien courant à dr. sur la proue. B. 4. Très beau, patine brune.

*442 **Triens**. Même monogr. et même chien sur la proue. B. 6. Manque dans G. Très rare. Très belle pièce, avec superbe patine verte.

*443 *L. Antestius Gragulus* 124-123. **Quadrans**. L.ANTES et un corbeau sur la proue. B. 11. Fr. 15. Rare. Beau, patine noire.

*444 **ANTONIA**. *M Antonius Imperator* 44-30. **M.B**. Têtes affrontées de M. Antoine et d'Octavie. — R⁄. L.ATRATINVS AVG...COS... M. Antoine dans un quadrige d'hippocampes à dr. Manque dans B. et dans G. Type du G.B. Bab. Page 185,73. Extrêmement rare.

445 **M.B**. Mêmes têtes. — R⁄. Légende effacée. Deux galères à la voile allant à dr. B. 75. Fr. 50. Très rare. Médiocre.

446 **M.B**. Têtes accolées de M. Antoine et d'Octavie à dr. — R⁄. L.ATRATINVS...COS.DES... Galère à la voile allant à dr. ; au-dessous, lettre A. Manque dans B. — G. Page 516. Très rare, patine brune.

*447 **P.B**. Même tête à dr. ...CAPITO PRO.PR.PRAEF... Même galère à la voile. B. 87. Fr. 40. — G. Pl. 115,8. Très rare. Beau, patine noire.

448 **M.B**. Têtes affrontées de M. Antoine et d'Octavie. — R⁄. ...PR.PRAEF.CLA... Même galère ; au-dessous, la lettre B. B. 88. Fr. 60. = G. Pl. 95,6. Très rare.

449 **ASINIA**. *C. Asinius Gallus*. G.B. Grandes lettres S.C dans le champ. B. 1. Beau.

450 **M.B**. Même type. B. 2. Beau.

451 **M.B**. avec la tête d'Auguste. B. 3. Très beau.

*452 **ATIA**. *M. Atius Balbus* 59 av. J.-C. **M.B**. M.ATIVS BALBVS PR. Sa tête nue à g. — R⁄. SARD.P... Tête nue du héros Sardus à dr. B. 1. Fr. 20. Rare. Beau.

453 — Un deuxième exemplaire semblable.

454 **ATILIA**. *M. Atilius Saranus* 172-151. **As**. M.ATILI sur la proue. B. 10. Très beau, patine noire.

*455 **Semis**. Même légende sur la proue. B. 11. Fr. 10. Rare. Beau. Patine noire.

*456 **Quadrans**. M.ATILI sur la proue. B. 13. Fr. 15. Très rare. Beau.

*457 **AURELIA**. *Aurelius* 224 av. J.-C. **Triens**. A⁄ sur la proue. B. 4. Fr. 12. Manque dans G. Très rare. Très beau, patine vert-noir.

*458 *Aurelius* 234 av. J.-C. **Quadrans**. Monogr. AVR devant la proue. B. 13. Fr. 10. G. page 173 et 129. Rare. Beau, patine brune.

*459 **AVTRONIA**. *Autronius* 193-173. **As**. Monogr. AVTR sur la proue. B. 2. Fr. 15. Très rare. Beau, patine verte.

460 **BAEBIA**. *Cn. Baebius Tampilus* 196-173. **As**. Monogr. TAMP sur la proue. B. 6. Fr. 12. Très rare. Beau, avec belle patine verte.

461 — Autre exemplaire semblable. Beau, patine verte.

*462 **Triens**. Même monogr. TAMP sur la proue. B. 8. Fr. 12. Très rare. Très beau, patine brune.

463 **CAECILIA**. *Caecilius Metellus* 217-197. **As**. Monogr. ME sur la proue. B. 3. Rare. Beau, patine brune.

464 — Un deuxième exemplaire. Beau, patine noire.

*465 *A. Caecilius* 196-173. **Semis** A.CAE sur la proue. B. 9. Fr. 10. Très rare. Très beau, patine brune.

466 **Quadrans**. A.CAE sur la proue. B. 11. Rare. Très beau, patine verte.

*467 **Sextans**. A.CAE sur la proue. B. 12. Fr. 15. Très rare. Beau, patine brune.

468 *Q. Caecilius Metellus* 124-103. **Semis**. Q.METE sur la proue. B. 22. Beau.

469 — Autre exemplaire de module et de poids réduit. Mm. 19. Très belle pièce; patine verte.

470 **Quadrans**. Q.METE sur la proue. B. 26. Beau.

471 — Autre exemplaire de module et de poids réduits. Mm. 17. Très beau, patine verte.

472 *M. Caecilius Metellus Q. f.* 94 av. J.-C. **Semis**. M.METELLVS écrit sur la proue, au-dessus un bouclier macédonien. B. 32. Très beau, patine noire.

473 — Un deuxième exemplaire. Très beau, patine vert foncé.

474 *Q. Caecilius Metellus Pius* 124-103. **Semis**. Tête d'éléphant sur la proue. B. 39. Beau, patine noire.

*475 **Quadrans**. Même tête d'éléphant sur la proue. B. 41. Très belle pièce avec superbe patine vert-clair.

476 **CALPURNIA**. *L. Calpurnius Piso Frugi* 88 av. J.-C. **As**. L.PISO.FRVGI. Proue surmontée d'une Victoire. B. 18. Très belle pièce, avec belle patine vert foncé.

477 — Un deuxième exemplaire. Très beau, belle patine verte.

*478 **Semis**. Même légende. B. 19. Très belle pièce, avec belle patine verte.

*479 **Quadrans**. Tête laurée d'Apollon à dr. — R⁄. L.PISO. Ancre et gouvernail en sautoir. B. 20. Fr. 15. Très rare. Très beau, patine vert olivâtre.

480 *Cn. Calpurnius Piso*. **M.B.** Grandes lettres S.C dans le champ. B. 39. Très belle pièce avec superbe patine vert luisant.

481 **M.B.** avec la tête d'Auguste. B. 40. Beau, patine verte.

*482 **CANIDIA**. *Canidius Crassus* 32 av. J.-C. **M.B.** Crocodile à dr. — R⁄. CRAS. Proue à g. B. 2. Rare. Très beau, patine vert-noir.

*483 **CASSIA**. *C. Cassius Longinus* 124-103. **Dodrans**. Tête de Vulcain à dr. — R⁄. C.CASSI sur la proue, et lettre S:· devant la proue. B. 2. Très rare. Beau, patine brune.

484 *C. Cassius Celer*. **G.B.** Grandes lettres S.C dans le champ. B. 22. Beau.

485 **M.B.** Tête d'Auguste à dr. — R⁄. Grandes lettres S.C dans le champ. B. 24. Très beau, patine verte.

486 **CLOVIA**. *C. Clovius Saxula* 196-173. **Triens**. SAX sur la proue. B. 3. Rare. Beau, patine verte.

*487 **Triens**. C.SAX sur la proue. B. 8. Rare. Très belle pièce, patine brune.

*488 **Quadrans**. C.SAX sur la proue. B. 9. Rare. Très beau, avec superbe patine verte.

489 — Un deuxième exemplaire. Très beau, patine verte.

490 *C. Clovius.* **M.B. CAESAR.DIC.TER.** Buste ailé de la Victoire à dr. — ℞. **C.CLOVI.PRAEF.** Pallas marchant à g. et tenant un trophée, un bouclier et six javelots. B. 11. Très beau.

491 — Un deuxième exemplaire. Très beau, patine olivâtre.

492 **CORNELIA.** *P. Cornelius Sula* 172-151. **As. P.SVLA** sur la proue. B. 2. Splendide, belle patine verte.

493 *P. Cornelius Blasio* 172-151. **As. P.BLAS** sur la proue. B. 6. Très belle pièce avec superbe patine vert foncé.

494 **Quadrans. P.BLAS** sur la proue. B. 9. Beau, patine brune.

*495 *Cn. Cornelius Blasio* 91 av. J.-C. **As. ROMA.** Tête de Janus. — ℞. **CN.BLASIO.CN.F.** Victoire érigeant un trophée. B. 21. Fr. 20. Rare. Beau.

496 *Cu. Cornelius Lentulus* 86 av. J.-C. **As. CN.LENTVL** sur la proue. B. 52. Beau.

497 **CURIATIA.** *C. Curialius Trig. filius* 150-125. **Semis. C.CVR.F** sur la proue. B. 3. Fr. 12. Rare. Beau, patine vert foncé.

*498 **Quadrans. C.CVR** sur la proue. Manque dans B. et dans G. Très rare. Très beau, avec superbe patine vert-noir.

499 **Quadrans. C.CVR.F** sur la proue. B. 5. Rare. Beau, patine brune.

*500 **DOMITIA.** *Cn. Domitius* 124-103. **Triente. CN.DOMI** sur la proue. B. 4. Fr. 15. Très rare. Très beau, patine brune.

501 **Quadrans.** Même type. B. 5. Très beau, patine noire.

*502 **FABIA.** *Q. Fabius Maximus* 94 av. J.-C. **Semis. Q.MAX** sur la proue. B. 8. Fr. 12. Très rare. Beau, patine brune.

503 **Quadrans.** Même type. B. 10. Très belle pièce, patine noire.

*504 *C. Fabius C. F.* 90 av. J.-C. **As. C.FABI.C.F** sur la proue et une cigogne devant la proue. B. 16. Très rare. Pièce splendide avec superbe patine brune.

*505 **FABRINIA.** *M. Fabrinius* 124-103. **Semis. M.FABRI—NI** sur la proue. B. 1. Rare. Très béau.

506 **Triens.** Même type. B. 2. Rare. Très beau.

507 **Quadrans.** Même type. B. 3. Très beau, patiné verté.

*508 **FONTEIA.** *C. Fonteius* 91 av. J.-C. **As. C.FONT.ROMA.** Proue à dr. ; devant, une ancre. B. 2. Fr. 20. Très rare. Beau, patine verte.

*509 **Semis. C.FONT** sur la proue. B. 3. Fr. 12. Très rare. Très belle pièce avec superbe patine verte.

*510 **Triens.** Même type. B. 4. Fr. 12. Très rare. Beau, patine noire.

511 **FURIA.** *L. Furius Philus* 196-173. **As.** Monogr. **L.F.P** et une Victoire tenant une couronne sur la proue à dr. B. 1. Rare. Très beau, patine verte.

*512 **Quadrans.** Même monogr. et même Victoire sur la proue. B. 4. Fr. 25. Manque dans G. Extrêmement rare. Beau, patine brune.

513 *Furius Purpureo* 172-155. **As.** Monog. **PVR** sur la proue. B. 8. Rare. Beau, patine verte.

*514 *F. Furius Crassipes* 85 av. J.-C. **As.** Tête de Janus. — ℞. **CRASSIPES** en légende circulaire dans une couronne de laurier. B. 21. Fr. 30. Extrêmement rare. Beau, patine brune.

515 **GALLIA**. *C. Gallius Lupercus*. **G.B**. Grandes lettres S.C dans le champ. B. 1. Très beau patine vert-noir.

516 **M.B**. Grandes lettres S.C dans le champ. B. 2. Très beau, patine verte.

517 **M.B**. Tête d'Auguste à dr. — R⫣. Grandes lettres S.C dans le champ. B. 3. Beau, patine vert-noir.

*518 **GARGILIA**. *Gargilius Ogulnius Vergilius* 84 av. J.-C. **As**. GAR.OCVL.VER sur la proue à g. B. 7. Très beau, superbe patine vert-noir.

*519 **As**. GAR.VER.OCVL sur la proue à g. B. 8. Rare. Beau, patine vert-noir.

*520 **GELLIA**. *Cn. Gellius* 150-125. **Triens**. CN.GELI sur la proue. B. 5. Fr. 15. Très rare. Beau.

*521 **HOSTILIA**. *L. Hostilius Tubulus* 90 av. J.-C. **Uncia**. Tête casquée de Rome à dr. R⫣. L.H. TVB dans une couronne de chêne. B. 1. Fr. 30. Très rare. Très beau, belle patine vert foncé.

*522 — Un deuxième exemplaire. Beau, patine vert-noir.

523 — Un troisième exemplaire. Patine brune.

*524 **JULIA**. *C. Julius Caesar Augustus*. **G.B**. DIVI.F. Tête d'Octave à dr. — R⫣. DIVOS.IVLIVS dans une couronne de laurier. B. 101. Rare. Beau, patine verte.

525 **JUNIA**. *C. Junius C. f.* 172-151. **As**. C.IVNI sur la proue. B. 2. Beau, patine noire.

526 **Semis**. C.IVNI sur la proue. B. 3. Rare. Beau, patine verte.

*527 *M. Junius Silanus* 124-103. **Triens**. CN.DOMI. Tête casquée de Rome à dr. — R⫣. M.SILA.Q. CVRTI. L'égide de Minerve ornée d'une tête de Méduse. B. 11. Fr. 30. Voir G. Page 260. Extrêmement rare. Beau, patine noire.

*528 **Quadrans**. CN.DOMI. Tête d'Hercule à dr., avec la massue au-dessous. — R⫣. M.SILA.Q. CVRTI. Massue, arc et flèche. B. 12. Fr. 12. Extrêmement rare. Beau, avec superbe patine vert luisant.

*529 *D. Junius Silanus L. f.* 88 av. J.-C. **As**. DN.SILANVS L.F sur la proue. B. 23. Pièce splendide avec superbe patine vert luisant.

529 *bis* Autre exemplaire semblable ; patine brune.

*530 **JUVENTIA**. *Juventius Talna* 196-173. **Triens**. Monogr. TAL devant la proue. B. 4. Voir G. Page 233. Extrêmement rare. Beau, patine brune.

*531 **Quadrans**. Même type. B. 5. Très rare. Beau, patine brune.

532 **LICINIA**. *Licinius Murena* 172-151. **As**. MVRENA sur la proue. B. 1. Beau, patine verte.

*533 **Quadrans**. Même type. B. 4. Manque dans G. Extrêmement rare. Beau, patine brun-noir.

*534 *P. Licinius Nerva* 99-94. **Quadrans**. P.NERVA à l'avers devant la tête d'Hercule. — R⫣. Une biche sur la proue. B. 10. Rare. Beau.

535 *P. Licinius Stolo*. **G.B**. Grandes lettres S.C dans le champ. B. 30. Beau, patine vert-noir.

536 — Un deuxième exemplaire. Beau, patine brune.

537 **M.B**. Grandes lettres S.C dans le champ. B. 32. Beau, patine vert foncé.

538 **LURIA**. *P. Lurius Agrippa*. **M.B**. Tête d'Auguste à g. — R⫣. Grandes lettres S.C dans le champ. B. 3. Beau, patine brune.

539 **MAECILIA**. *M. Maecilius Tullus*. **M.B**. Tête d'Auguste à dr. — R⫣. Grandes lettres S.C dans le champ. B. 3. Très beau, patine brune.

*540 **MAENIA**. *P. Maenius* 196-173. **Triens**. Monogr. MAE et un bouclier sur la proue. B. 4. Manque dans G. Très rare. Beau, patine brune.

*541 **Sextans**. Même type. B. 6. Fr. 10. Très rare. Beau, avec superbe patine vert-noir.

542 *P. Maenius Antiaticus* 124-103. **Quadrans**. Q.MAE·ANT·M·F sur la proue. B. 9. Très beau, patine vert-noir.

543 — Autre exemplaire de module et de poids réduits. Mm. 17. Rare. Très beau, patine vert-noir.

544 **MAIANIA**. *C. Maianius* 172-151. **As**. C.MAIANI sur la proue. B. 2. Beau, patine vert-noir.

545 — Autre exemplaire semblable. Beau, patine olivâtre.

546 **MAMILIA**. *L. Mamilius* 172-151. **As**. Tête de Janus. — R⁄. L.MAMILI au-dessous de la proue. Sur la proue, Ulysse appuyé sur son bâton. B. 1. Fr. 50. Extrêmement rare. Médiocre.

*547 **Semis**. Type pareil au précédent. B. 2. Fr. 25. Manque dans G. Extrêmement rare. Beau, patine brune.

548 **MARCIA**. *Q. Marcius Libo* 172-151. **As**. Q.MARC sur la proue et LIBO devant la proue. B. 2. Beau, patine brun-noir.

549 — Autre exemplaire semblable. Beau, patine brune.

*550 **Semis**. Même type. B. 3. Beau, patine verte.

*551 **Triens**. Même type. B. 4. Rare. Très beau, avec superbe patine vert foncé.

*552 *M. Marcius M. f.* 124-103. **Quadrans**. M.MARCI.NV.F. sur la proue. B. 10. Très beau, patine vert-noir.

*553 *L. Marcius Philippus* 99-94. **Quadrans**. L.PHILIPPVS. Tête d'Hercule à dr. — R⁄. Proue à dr. surmontée d'un coq. B. 13. Très rare. Beau, patine verte.

*554 *C. Marcius Censorinus* 87 av. J.-C. **As**. Têtes de Numa Pompilius et d'Ancus Marcius accolées à dr. — R⁄. C.CENSO.ROMA. Deux arches au-dessous desquelles une colonne surmontée de la Victoire. B. 20. Beau, patine noire.

555 **As**. Mêmes têtes à dr. — R⁄. C.CENSO. Deux proues à dr., l'une surmontée de la Victoire sur une colonne à g. B. 21. Beau, patine verte.

556 **MARIA**. *Q. Marius* 172-151. **As**. Q.MARI sur la proue. B. 1. Fr. 40. Rare. Médiocre.

*557 **Semis**. Même type. B. 2. Fr. 15. Manque dans G. Extrêmement rare. Beau, patine verte.

*558 **Triens**. Même type. B. 3. Fr. 15. Manque dans G. Extrêmement rare. Très beau, patine brune.

559 — Autre exemplaire semblable. Extrêmement rare. Beau, patine brune.

560 **MATIENA**. *C. Matienus* 196-173. **As**. Monogr. MAT sur la proue. B. 4. Rare. Médiocre.

*561 **Semis**. Même type. B. 5. Très rare, patine brune.

*562 **Triens**. Le monogr. MAT devant la proue. Var. de B. 6. Très rare. Beau, patine vert foncé.

*563 **Quadrans**. Monogramme MAT devant la proue. B. 7. Très rare. Beau, patine vert foncé.

564 **MEMMIA**. *L. Memmius L. f. Galeria* 91 av. J.-C. **As**. L.MEMMI sur la proue à dr., terminée par une tête de Vénus ; devant elle, l'Amour qui la couronne. B. 3. Fr. 40. Extrêmement rare. Beau, patine verte.

*565 **Semis**. Même type. B. 4. Fr. 12. Extrêmement rare. Pièce splendide avec superbe patine vert luisant.

*566 **Quadrans**. Même type ; une massue au-dessous de la tête d'Hercule. B. 5. Fr. 18. Extrêmement rare. Très beau, avec superbe patine verte.

567 **MINUCIA**. *Q. Minucius Rufus* 150-125. **Quadrans**. Q.MINV.RVF sur la proue. B. 2. Rare. Patine verte.

*568 *C. Minucius Augurinus* 150-125. **Semis**. C.AVG sur la proue. B. 4. Rare. Très beau, patine brun foncé.

568 *bis* Autre exemplaire semblable, patine brune.

569 **Quadrans**. Même type. B. 6. Rare. Beau, patine verte.

*570 *Ti Minucius Augurinus* 124-103. **Semis**. TI.AVGVRI et le lituus sur la proue. B. 11. Manque dans G. Très rare. Beau, patine vert foncé.

571 **NAEVIA**. *Naevius Balbus* 196-173. **As**. BAL sur la proue. B. 1. Très beau, patine verte.

572 **Triens**. Même type. B. 3. Beau, patine brune.

573 *L. Naevius Surdinus*. **G.B**. Grandes lettres S.C dans le champ. B. 9. Très beau, patine brune.

574 **M.B**. Tête d'Auguste à dr. B. 12. Beau, patine brune.

575 **NONIA**. *Sex Nonius Quinctilianus*. **M.B**. Tête d'Auguste à dr. — R⁄. Grandes lettres S.C dans le champ. B. 2. Beau, patine vert foncé.

*576 **NUMITORIA**. *C. Numitorius* 124-103. **Semis**. C.NVMITORI sur la proue. B. 2. Beau, patine verte.

*577 **Quadrans**. Même type. B. 4. Fr. 10. Très rare. Très beau, patine brun-noir.

578 — Un deuxième exemplaire. Beau, patine vert-noir.

579 **OGULNIA**. *Ogulnius Gargilius Vergilius* 84 av. J.-C. **As** OGVL.VER.GAR sur la proue à g. B. 7. Très beau, patine noire.

580 **OPIMIA**. *Opeimius* 196-173. **As**. Monogr. OPEIMI sur la proue. B. 1. Patine verte.

581 *Opeimius* 196-173. **As**. OPEI sur la proue. B. 7. Beau, patine brune.

582 **OPPIA**. *Q. Oppius* 46-45. **M.B**. Tête de Vénus à dr. — R⁄. Q.OPPIVS.PR. Victoire marchant à g., tenant une palme et une patère. B. 1. Exemplaire d'un flan très épais. Gr. 25, 28. Rare. Beau, patine noire.

*583 — Autre exemplaire semblable d'un flan normal. Très beau, patine vert-noir.

*584 **M. B**. frappé en Espagne. Tête diadémée de Vénus à dr. — R⁄. Q.OPPIVS.PR. Victoire marchant de face, tenant palme et couronne. Manque dans B. et dans G. Bahrfeldt. *Nachtr.*, vol. III. Pl. V, 145. Quatrième exemplaire connu. Extrêmement rare. Très beau, patine vert-noir.

585 **PAPIRIA**. *Papirius Turdus* 172-151. **Triens**. TVRD sur la proue. B. 3. Fr. 12. Rare.

*586 *M. Papirius Carbo* 150-125. **Semis**. CARB au-dessous de la proue. Var. de B. 8. Fr. 25, avec la marque de valeur S devant la proue. Voir G. Page 247. Extrêmement rare. Médiocre.

587 **PINARIA**. *Pinarius Nata* 172-151. **As**. NAT sur la proue. B. 3. Beau, patine vert-noir.

*588 **Semis**. Même type. B. 4. Rare. Très beau, patine noire.

*589 **Quadrans**. Même type. B. 6. Rare. Très beau, patine vert foncé.

*590 **PLAUTIA**. *L. Plautius Hypsaeus* 196-173. **Triens**. Monogr. L.PL.H sur la proue. B. 5. Fr. 15. Très rare. Beau.

*591 *C. Plotius Rufus.* **G . B.** Grandes lettres S . C dans le champ. B . 19. Splendide, avec superbe patine vert luisant.

592 **M. B.** Grandes lettres S . C dans le champ. B . 20. Très beau, patine vert-noir.

593 — Autre exemplaire semblable. Très beau, patine vert-noir.

594 **M.B.** Tête d'Auguste à dr. — R⫯. Grandes lettres S . C dans le champ. B . 22. Beau, patine vert clair.

*595 **POMPEIA.** *Sex Pompeius Magnus.* **G.B.** MAGN. Tête laurée de Janus. — R⫯. PIVS.IMP. Proue à dr. B . 20. Très beau, patine brune.

596 — Un deuxième exemplaire. Très beau, patine vert foncé.

597 **POMPONIA.** *L. Pomponius* 209 av. J.-C. **Semis.** L.POMP sur la proue. B . 2. Rare. Beau, patine gris-vert.

*598 **Triens.** Même type. B . 3. Rare. Splendide avec superbe patine verte.

*599 **Quadrans.** Même type. B . 4. Rare. Très beau, patine vert luisant.

*600 **QUINCTIA.** *T. Quinctius T. f. Crispinus Sulpicianus.* **G.B.** Grandes lettres S . C dans le champ. B . 7. Rare. Pièce splendide avec superbe patine vert luisant.

601 — Un deuxième exemplaire. Beau, patine brune.

602 **M.B.** Grandes lettres S . C dans le champ. B . 12. Beau, patine verte.

603 **RUBRIA.** *L. Rubrius Dossenus* 86 av. J.-C. **As.** L.RVBRI DOSSEN sur la proue. B . 5. Beau, patine vert luisant.

604 — Un deuxième exemplaire. Beau, patine brune.

605 **SALVIA.** *M. Salvius Otho.* **M.B.** Tête d'Auguste à dr. — R⫯. Grandes lettres S . C dans le champ. B . 3. Très beau, patine brun-noir.

606 **SANQUINIA.** *M. Sanquinius.* **G. B.** Grandes lettres S . C dans le champ. B . 4. Rare. Beau, patine vert-noir.

607 **SAUFEIA.** *L. Saufeius* 172-151. **Quadrans.** L.SAVF et un croissant sur la proue. B . 5. Rare.

*608 **SCRIBONIA.** *C. Scribonius* 172-151. **Triens.** C.SCR. sur la proue. B . 4. Très rare. Beau.

609 — Un deuxième exemplaire. Beau, patine brune.

610 **SEMPRONIA.** *L. Sempronius Pitio* 172-151. **As.** PITIO au-dessus de la tête de Janus. — R⫯. L.SEMP sur la proue. B . 3. Beau, patine brune.

611 *Ti. Sempronius Graccus.* **M. B.** Grandes lettres S . C dans le champ. B . 21. Beau.

*612 **SERVILIA.** *C. Servilius M. f.* 93 av. J.-C. **Quadrans.** C.SERVEILI.M.F. au-dessous de la proue ; au-dessus, une couronne. B . 3. Fr. 10. Très rare. Très beau, patine vert luisant.

*613 **SULPICIA.** *C. Sulpicius C. f.* 91 av. J.-C. **Quadrans.** C.SVLPI. sur la proue. B . 4. Fr. 12. Manque dans G. Extrêmement rare. Patine noire.

614 **TERENTIA.** *C. Terentius Varro* 211-197. **As.** VARO sur la proue. B . 4. Beau, patine vert-noir.

*615 **Quadrans.** Même type. B . 7. Fr. 15. Manque dans G. Très rare. Très beau, patine brune.

616 *C. Terentius Lucanus* 172-171. **As.** C.TER.LVC et une Victoire volant qui couronne la proue. B. 11. Beau, patine brune.

617 **TITIA.** *Q. Titius* 87 av. J.-C. **As.** Q.TITI et un croissant sur la proue. Var. de B.4. Très beau, patine vert-noir.

618 — Un deuxième exemplaire sans le croissant. Très beau, belle patine verte.

619 **TITINIA.** *M. Titinius* 196-173. **As.** M.TITINI sur la proue. B. 1. Très beau, patine brune.

*620 **Semis.** Même type. B. 2. Fr. 12. Très rare. Beau, patine verte.

621 **Sextans.** Même type. B. 5. Fr. 18. Manque dans G. Très rare.

622 **TITURIA.** *L. Titurius L. f. Sabinus* 87 av. J.-C. **As.** L.TITVRI.L.F. sur la proue. B. 7. Beau, patine brune.

623 — Un deuxième exemplaire. Beau.

*624 Autre exemplaire varié avec une Victoire devant la proue. Var. de B. 7. Très rare. Beau, patine olivâtre.

625 **TODILIA.** *Todilius ?* 196-173. **As.** TO et un oiseau sur la proue. G. 592. Rare. Patine verte.

*626 **Quadrans.** TO et un oiseau sur la proue. Manque dans G. Extrêmement rare. Beau, patine brune.

*627 **TREBANIA.** *L. Trebanius* 150-125. **Semis.** L.TREBANI sur la proue. B. 2. Rare. Beau, patine vert-noir.

628 **Quadrans.** Même type. B. 4. Rare. Beau, patine noire.

*629 **TURILLIA.** *L. Turillius* 87 av. J.-C. **Semis.** L.TVR. sur la proue. B. 1. Fr. 30. Extrêmement rare. Beau, patine brune.

630 **VALERIA.** *Valerius* 196-173. **As.** Monogr. VAL sur la proue. B. 1. Beau, patine verte.

631 — Autre exemplaire semblable de poids réduit. Beau, patine vert clair.

*632 **Semis.** Même type. B. 2. Fr. 12. Manque dans G. Très rare. Beau, patine noire.

633 **VARGUNTEIA.** *M. Vargunteius* 102 av. J.-C. **Semis.** M.VARG. sur la proue. B. 2. Beau, patine vert-noir.

*634 — Autre exemplaire semblable. Très beau, patine brune.

*635 **Quadrans.** Même type. B. 4. Très belle pièce, patine vert foncé.

636 — Autre exemplaire semblable. Beau, patine vert-noir.

*637 **VERGILIA.** *Vergilius Gargilius Ogulnius* 84 av. J.-C. **As.** VER.GAR.OGVL et lettre A sur la proue à g. B. 7. Très beau, patine gris-vert.

638 — Autre exemplaire semblable, avec lettre C devant la proue. Très beau, patine noire.

639 — Autre exemplaire semblable, avec lettre R devant la proue. Très beau, patine noire.

640 — Autre exemplaire sans lettre. Beau, patine verte.

*641 **As.** VER.OGVL.GAR. et lettre M sur la proue. B. 8. Rare. Beau, patine verte.

642 — Un deuxième exemplaire, avec lettre V sur la proue. Beau, patine vert-noir.

*643 — Un troisième exemplaire, sans lettre. Très beau, patine vert foncé.

644 **VIBIA.** *C. Vibius. C. f. Pansa* 87 av. J.-C. **As.** C.PANSA, au-dessous de trois proues à dr. ; au-dessus, une branche de laurier. B. 10. Beau, patine verte.

645 **As**. C.VIBI.PANSA, au-dessous de trois proues. B. 11. Beau, patine brune.

*646 **Semis**. C.VIBI.PAN sur la proue à dr. B. 13. Fr. 18. Voir G. Page 296. Très rare. Très beau, patine verte.

Livres de Numismatique.

647 *Babelon Ernest*. Monnaies de la République romaine. Paris, 1885-86. Deux volumes reliés demi-maroquin. Illustrations dans le texte.

648 *Cohen Henri*. Description des monnaies de la République romaine. Paris, 1857. Relié demi-maroquin. 75 planches.

649 *Garrucci P. Raffaele*. Le Monete dell'Italia antica. Roma, 1885. Deux tomes en un volume in-folio. 125 planches. Relié demi-parchemin.

650 *Grose S. W*. Fitz William Museum-Greek coins. Western Europe, Magna Graecia, Sicily. Cambridge, 1923. 111 planches. Reliure originale en toile.

651 *Grueber H.A*. Coins of the Roman Republic in the British Museum. Trois volumes. London, 1910. 123 planches. Reliure originale.

652 *Haeberlin E. J*. Aes grave das Schwergeld Roms und Mittelitaliens. Frankfurt a. M., 1910. 103 planches in-folio.

653 *Sydenham Edward A*. Aes grave. A study of the cast coinage of Rome and Central Italy. London, 1926. 27 planches.

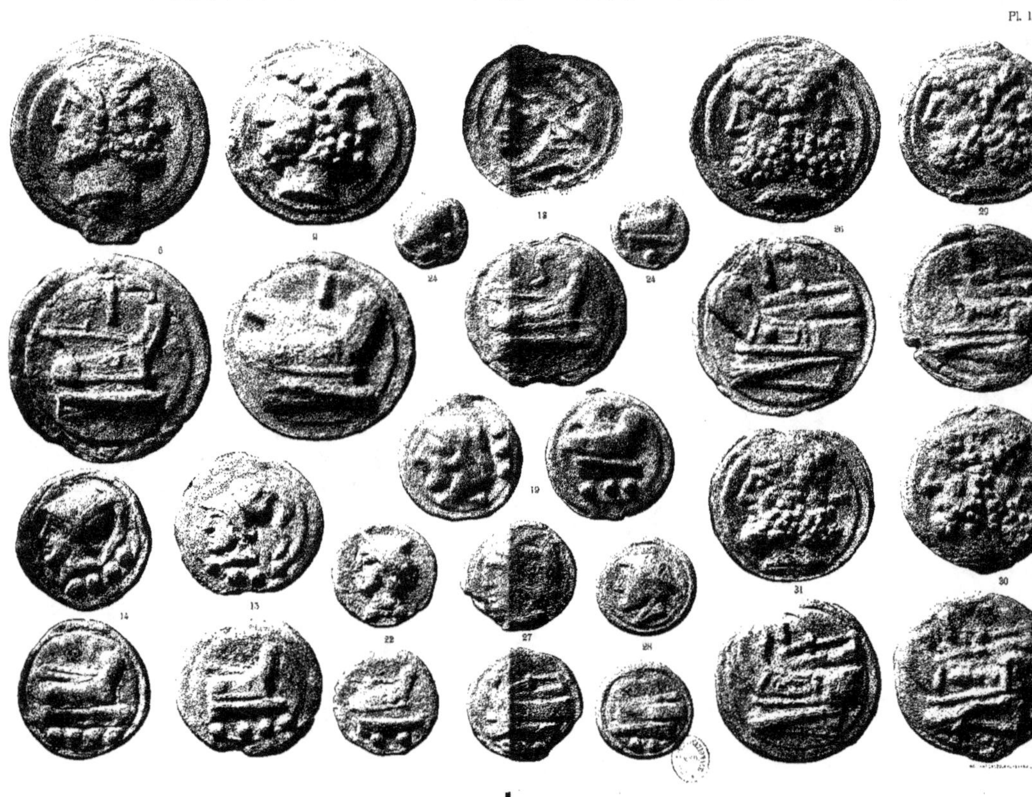

143
145
147
153
148
149
132
155
157
158
162
160
161
163
165
167
168
169
170
163
170

184 185 187 189 191 192 193 196
200 202 203 194 197 198 207 210 212
213 216 219 221 222

370
371
372
373
377
376
374
382
378
379
375
380
381
384
385
386
387
383
389
388
390
391
392

419
420
425
426
421
422
428
427
430
431
423
424
436
433
434
437
440
442
443
447
438
452
456
444
458
455
457
PGH

459
462
467
475
479
495
498
465
482
500
502
478
505
504
512
509
483
508
514
518
521
510
522
519
520

524
528
530
531
533
529
527
547
550
554
540
534
541
551
552
553
582
563
566
557
558
561
505
568
583

577
584
586
588
589
590
598
599
591
600
608
612
613
615
595
626
627
620
624
629
634
632
635
646
637